ドラッカーがいま、ビジネスパーソンに伝えたいこと

御手洗昭治
Shoji Mitarai

SOGO HOREI PUBLISHING CO., LTD

はじめに

令和の時代に入った日本。多くの災害からの復興をはじめ、数々の巨大責務に挑戦しなければならない。一方で国外に目を移せば、混沌とし将来の見通しが付きづらい世界情勢である。

日本がこれからどのようなニュービジョンとコミットメント（公約）を掲げ、戦略を描いていくのか。それは政治家や官僚のみならず、読者の方々を含むわれわれ一人ひとりに課せられた任務と責任でもある。

「経営学の父」ピーター・ドラッカーが、21世紀の初めに提唱していたことがある。『ドラッカー入門』の著者である上田惇生《うえだあつお》によれば、それは1950年代から60年代に成果を上げた日本のシステム、戦略、行動が再設計の時期に入っているということであった。

この日本再生論を提唱したドラッカーは、次のような見解を述べている。

「私は、21世紀の日本が、私たちに多くのものを教えてくれた40年前、50年前の、あの改革的で創造的な勇気のあるリーダーたちに匹敵する人たちを、再び輩出していくことを祈ってやまない」

彼は死の直前に、今後の世界経済において「日本が最も苦労する国になる」と語った。日本通であった彼は、日本の復活の期待を込めてそう残したのである。

いま求められているのが、経営者を含むビジネスパーソンの高い志や自己啓発力である。出口の見えない状況に陥《おちい》っている現代。だからこそ、ドラッカーが提唱した経営の原点を見直すことで、その打開策が見えてくると著者は考える。ドラッカーの斬新な発想や提案は、自信を失い、道なきところに道を切り開こうと模索する日本の経営者やビジネスパーソンにとって、新たな活力を与えてくれるであろう。

ドラッカーの思想は、若い読者が手にすると、最初はピンとこないかもしれない。しかしである。将来自分の部下を持ったとき、組織の事業やプロジェクトに抜擢《ばってき》されたとき、イノベーションの方法を見つけ出したいときに、本書の内容を思い出していただきたい。ドラッカーの言わんとしたことが実感として理解でき、必ずヒントを与えてくれるであろう。

ドラッカーの弟子の1人でもあるジョセフ・マチャレロは指摘する。

「ドラッカーが何十年も前に旧式のタイプライターで打ち出した言葉は、いつになっても力を失わない。この世にあって何らかの責任を任されている人であるならば、ドラッカーの書とはいまでも読むべきものであり、明日も、100年後にも読むべきものである」

一例として、ドラッカーは世界の民営化ブームの火付け役でもあったことを忘れないでほしい。ドラッカーの教えに最初に飛び付いたのが、「鉄の女」と称されたイギリスの元首相マーガレット・サッチャーである。これに対し、アメリカの元大統領リチャード・ニクソンは、「政府のできることには限定がある」というドラッカーの教えを無視したため、失脚の道をたどった。

ドラッカーといえば、経営学の礎《いしずえ》を築き、マネジメントを発明し、イノベーションのみならず、組織における仕事の改革を進めた経営学者であると思われがちである。もちろんそれは間違いではないが、ドラッカーのユニークな点は、経営人は無論、万人にとって必要な素養、知性、心構えなどを含む自己啓発の研究領域にも目を向け、人と組織を生かし、いかにすれば成果を上げるかを提唱した思想家でもあることだ。

ドラッカーの思想は、人間主体の経営学と言える。ビジネス、経営を通して人の幸せとは何かを語るのである。ただし、社会的な存在としての人の幸福は、何を置いても、社会として機能する世の中が存在しなければ意味がない。いまの時代と社会に必要とされているのは、このような視点ではないだろうか。

本書では、ドラッカーの洞察《どうさつ》力と思想をもとに、新時代に立ち向かうための組織戦略の在り方、イノベーションについて、そしてドラッカーの代名詞とも言える「マネジメント」を取り上げた後、新しい姿としてのリーダー像に迫ってみたい。
また、ドラッカーに影響を受けた人物、その他著名人の言葉やエピソードも盛り込んでいく。著者を含め、人生を先に歩く者たちからの、新時代のビジネスパーソンに向けたメッセージだと捉えていただければ幸いである。

本文でも繰り返すが、イノベーションもマネジメントもリーダーシップも、限られた人物にだけ求められるものではない。時代は激しく変化している。これまでのような組織依存型のビジネスパーソンは淘汰《とうた》される時代である。一人ひとりが経営者であり、マネジャーであり、リーダーなのである。

ドラッカーがいま、ビジネスパーソンに伝えたいこと　目次

第1章 「経営学の父」が生まれた場所

第2章 自己啓発としてのドラッカー

第3章　新時代を生き抜く戦略

第4章 「マネジメント」を捉え直す

第5章　新しいリーダー像を描く

装丁　大口太郎
イラスト　和全（Studio Wazen）
本文デザイン・DTP・図表　横内俊彦
校正　矢島規男

序章

令和の日本へ向けて

負の遺産と社会の変化

新時代の入口に横たわる課題

２０１９年５月１日、元号が「令和」に改められた。しかし新しい時代のスタートが切られた瞬間、荘厳《そうごん》なファンファーレが鳴り響いたわけではない。平成をまるまる含むこの三十余年、日本は景気低迷、国際間の競争力の激化、相次ぐ大災害など、数々の試練にさらされていた。

特に、経済面での逆風は強かった。バブル経済の崩壊とともに日本経済は失速。世界をリードしていた日本の企業は一気に勢いを失った。

国内総生産（ＧＤＰ）では２０１０年に前年比で実質10・３パーセント増を果たした中国に名目金額で追い抜かれ、世界第３位になった。中国の名目ＧＤＰは約５・９兆ドル、日本は5・5兆ドルと、大きく水をあけられた。日本が中国の後塵《こうじん》を拝していることは、ビジネスに携わる読者の方々も皮膚感覚で実感できるであろう。

迷走する日本と対照的な国もある。中国、インドは無論、インドネシアの経済的台頭には目を見張るものがある。それらの国々を脇目に、「失われた20年」を取り戻そうと経済復興の解答を模索する日本。しかし**グローバル化が進む現代では、企業の上層部やベテラン社員の経験やビジネス手法が役に立つとは限らない。**古い会社制度や発想法から抜け出せない企業は数多く見られる。

広く社会に視点を移せば、国内には人口減少による財政や社会保障の危機、また国際的には、朝鮮半島情勢などの安全保障問題が大きく懸念されている。

令和時代を迎えても、われわれは平成の負の遺産を背負って生きていると言えるだろう。

2019年10月から消費税が10パーセントに上がった。消費税が初めて導入されたのは、平成元年4月のことである。その後平成の間に2度、消費税率が上げられた。その結果、平成の間に「隠れ資金」が会社にも家庭にも積み立てられていった。

企業の場合を見ていこう。1988年度の内部留保（利益剰余金）は約100兆円で2018年度は約463兆円となっている。日本の家計の金融資産は30年前の倍の1800

兆円超、タンス預金は２０１９年1月末に50兆円の大台に乗った。これは、日本にまだ豊かな中間層がいる証拠である。

これらの見えない資産をどう動かすかが、日本経済復活のための大きな要因になる。それを考える一助となるのが、ドラッカーの唱える**「英知を結集し、イノベーション、すなわち新しい世界観を形成し、行動を起こすこと」**である。

「第４の波」がすべての産業を飲み込む

われわれがこれから生きていく時代では「第４の波」が引き金となり、産業構造が大きく変わる。８世紀からの農業中心の時代、19世紀の「産業化時代」から20世紀にかけての「工業化時代」、20世紀から21世紀にかけての「情報化時代」、さらにこれからは、**過去の産業構造をトータルに見据《みす》えた「ＩＴ・グローバルビジョン時代」**に入るようである。

これまでの日本のサラリーマンの仕事の多くは、中国からベトナムやミャンマーその他の文化へ流れる。同時にさまざまなモノがインターネットにつながり（ＩｏＴ）、蓄積されたデータをＡＩが制御するようになる。ＡＩ関連の国内市場規模は、２０３０年までに86兆円以上になると予測されている。

自動車を例に考えてみよう。自動車がネットワークにつながった場合、道路の混み具合、工事の有無、事故や路面の状況などのデータがリアルタイムで集められ、ほかの運転者と共有することができる。

ＡＩはＩｏＴで集めたデータを分析し、データの規則性を見つけ、実際に機械を制御する。３Ｄ地図、周辺の車両、歩行者、信号、渋滞、事故、交通規制、路面などあらゆる情報を入手し、分析できるようになる。現時点で技術的にはＡＩによる自動運転も十分実現可能である。

第４の波は、自動車産業のみならず、すべての産業を飲み込んでいくはずである。業界問わず、企業はＡＩの伸長をどう組み込むかを考えなければいけない。そのための資金の投入は必須となる。民間主導のイノベーションを目指したいところである。日本政府にとって、「成長産業」に資金が流れるように規制を緩和《かんわ》して、後押しをすることは必須であろう。

テクノロジーの発達は同時にマイナス面も議論される。いわゆる「ＡＩに奪われる仕事」である。経産省の試算によると、経営や商品企画の分野で１３６万人、製造・調達分野で２６２万人、管理部門で１４５万人が仕事を失うという。

そうした恐怖感がわれわれの心に芽生えていることは確かであるが、それは18世紀後半に産業革命が起こったときも同じである。「ラッダイト運動」は、機械の普及によって失業の恐れを感じた手工業者、労働者が起こした機械破壊運動である。

時代が大きく前に進むとき、その反動は必ず起きる。時代がどの方向に進むのか、その先に何があるのかを見抜き、洞察力を強め、先見性を高め、人間の存在そのものを見極めようとするアプローチこそが、ドラッカーの経営哲学の真髄である。新しい社会のパラダイムや価値観、調和の取れた組織や社会、人間関係、それに他文化に対する新しい見方が求められるようになったのである。

知識集約型社会への移行

これからの世界は、デジタル技術のイノベーションにより、**経済的価値の資源がモノから情報や知識へと移行する。**データの価値が高まる「知識集約型社会」である。こうした社会では、データを安全にやり取りし、活用できる環境づくりが必要となってくる。

また、国境を越えたデータ流通を巡って、個人情報の保護やサイバーセキュリティなど「安全」を保障するルールが求められる。一方で「スマート化（情報通信技術を駆使《くし》し、状況に応じて運用を最適化するシステムの構築）」など、企業が自ら行う技術活用の促進や、ビジネス産業の競争環境の確保も必要となってくる。

もし、ドラッカーが健在であれば、これからの知識集約型社会において、日本に対してどのような忠告をするのであろうか。

日本的経営がもてはやされていたバブル期の最中、一部の経営者たちが「もうアメリカから学ぶものは、何もない」と豪語し、戦略不在の拡大ゲームを繰り広げていた頃。欧米の優れた経営者たちは、不退転の決意で新たなビジネスモデルの構築を試みていた。

デジタル化、グローバル化が進む時代、日本は「メガチェンジ」の競争に生き残らなければならない。そのための大きな足掛かりとなるのが、本書で取り上げるドラッカーの「強み論」や、ビジネスのエッセンスである発想法、自己啓発論を含む経営思想なのである。

求められる経営改革

株主主権からステークホルダー中心へ

バブル崩壊後に、日本企業が低迷した背景の一つは、アメリカ流の「株主主権論」に陥ったことである。

イノベーションの原点は、消費者や顧客、それにマーケットから発せられる。この基本が、とかく忘れられがちである。ドラッカーの思想では、会社は株主のものではない。**経営者は株主のために存在する代理人ではなく、企業人でなくてはならない。**まずは組織のためを考えることを忘れるな、というテーゼである。

日本再生のためには、アメリカ式経営方針を改め、**かつての「ステークホルダー（利害関係者）中心論」に戻るべき**であるという説が多い。つまり、株主のみならず、経営者、従業員、顧客、取引先、さらに地域社会や行政機関なども含めた関係者との共生である。そのためには、既存の知識や資産を再構築、再利用し、価値を増大させる方式をとるべきである。経営に対する発想の転換を急がなければならない。

アメリカやインドなどと比べると、**日本は新興産業に対する経済界のバックアップが弱い**。そのため、経団連に加入していない新興事業が多い。経済界の中核を担ってきた大企業や製造業は、もはや経済界を代表していないのが現状である。

アメリカでは「ユニコーン企業」が２０１９年に１５１社ある。ユニコーン企業とは、「評価額10億ドル以上」「非上場」「設立10年以内」「テクノロジー企業」の四つの条件を満たす企業のことである。対して日本は、ＡＩ技術を中核とするプリファード・ネットワークス社のたった一つだけという現状である。

ここから見えるのは、日本のベンチャー企業の資金調達の難しさである。日本経済新聞の統計では、アジアのスタートアップ企業の資金調達において、東南アジアやインドの存在感が増している。２０１９年3月時点で中国を除くアジア大洋州地域の調達額が、約5年ぶりに中国を抜いた。米中貿易戦争の影響で景気の先行きに不透明感が出ている中国に代わり、インドや東南アジアの周辺国に成長企業への投資資金が流れ始めたのである。

もちろん日本にも新しい動きはある。経団連はこれまで、企業と大学などの産学連携に向けた仲介や大学発ベンチャーの後押しをしてきたが、新委員会の設立に伴ってこれらを廃止する。今後は、「スタートアップ委員会」が若手の自由な発想を生かした政策提言や、スタートアップ企業との連携を図る。

ドラッカーが提唱するように、日本でも有力企業が生まれやすい斬新な環境づくりが求められている。

経営陣と知材部門の一体化が急務

データの時代を生き残るために重要なのは、いかに知的財産を生かすかである。発明、経営手法、営業秘密なども含めた「知」の財産である。これは日本にとって、決して不得意な分野ではない。近年、日本人の科学部門におけるノーベル賞受賞者の数が増えていることからも、それがわかるであろう。

その一方、日本の特許戦略は、40年間後退し続けている。日本は1970年代に世界最多の特許出願国となり、2002年には当時の首相小泉《こいずみ》純一郎《じゅんいちろう》が「知的立国を目指す」と宣言。しかし2010年代、最も多くの特許を持つ大手電機メーカーたちが総崩れすることになった。

その原因は、「特許の保有数を増やす」というスローガンから、日本が進化しなかったことである。

日本経済新聞編集委員の渋谷高弘《しぶやたかひろ》によれば、これまでは日本製のモノが欧米で売れ、保有特許は同業他社で使い合う「クロスライセンス」に生かすこともできた。だが、1990年頃から韓国や台湾、それに中国の製造業者らが台頭し、日本企業が出願していた大量の特許が裏目に出るようになった。それらの国々は製造ノウハウに関わる日本の特許をインターネットで閲覧《えつらん》し、自国の工場で模倣《もほう》し、再現させたのである。工場内で模倣されると知財侵害訴訟で勝つことは難しい。トンビに油揚げをさらわれたのである。

同氏によれば、アメリカのインテル社はパソコンの性能向上に欠かせない技術を台湾企業に無償で開放し、その上で自社の半導体を提供するという交渉作戦に出た。重要技術を使用させてもらっている台湾企業はインテル社を裏切れない。特許なく第三者に使用させたり改変したりすれば、大変厳しいペナルティを受けることになる。

またApple社も、アイフォンの部品などを製造する中国の工場と同様の関係を結んでいる。両社はアジア企業とスクラムを組み、自らが栄える事業モデルを技術と契約で築いたのである。

では日本企業はどうか。**問題は、日本企業の「経営」と「知財」が分離した構造にある。**残念ながら、日本企業に知財に精通した経営者や役員はほとんど存在しない。しかも知財部門の地位はかなり低いというのが現状である。合弁や買収（M&A）、提携で知財が深く考慮されない企業風土がある。

ただ、この現状を打破する動きも見られる。AGC社やセイコーエプソン社など、イノベーションの起爆剤としてIPランドスケープ（知財情報を活用した戦略を展開する手法）に取り組む企業も出てきている。近年の米中対立により、米企業の一人勝ちパターンも確かなものではなくなっている。いまこそ、日本企業のビジネス経営陣と知財部門が一体となり、新たなイノベーションを起こさなければならない。

日本のDNAに残る希望

発想力と創造力によるイノベーション

ここまで、令和の日本が置かれた状況やその危機について述べてきたが、日本の持つDNAを掘り起こすことができれば、まだまだ希望は残る。

復活の引き金となるのが、社会にイノベーションを起こすことである。日本経済の底力とも言うべき技術開発の力が発揮された例を紹介しよう。

京都にあるコネックスシステムズ社は、2018年に、一般のリチウム電池に比べて充放電の電力を7倍程度に高めた「ハイパー電池」を開発した。もともとは物流支援ロボットに使用する予定だったが、使用範囲はより広く、自動車への転用に意欲的である。

このバッテリーを使用すれば、自動車産業の可能性は拡大する。電気自動車の場合、通常走行時の電力消費はそれほど多くない。ただし発進時や登坂時に大きな電力を消費するため、車体の重いバスやトラックの電気化は難しいとされてきた。しかし、このハイパー電池によって一気に問題が解決する可能性が出てきた。

同社の社長塚本寿《つかもとひさし》は、ハイパー電池搭載のバスやトラックによる長距離走行の実現に動き始めた。一定区間ごとに、充電した電池と交換するステーションを設ける構想を打ち出している。

また、同社はJETRO（日本貿易振興機構）と組み、ハイパー電池を万国博覧会などで売り込んでいる。中産階級の爆発的増加が予想される発展途上国が食指を動かせば、日本の斬新で先進的なインフラを紹介できる。

ほかにも発想力と創造力とを柱に新たなビジネスを構築する会社がある。

兵庫県丹波市のSAgri（サグリ）社は農地管理アプリ「Sagri」を開発した。このシステムでは人工衛星の観測データをもとに農地管理や収穫予測を行うことができる。例えば、土壌の色から肥料となる腐植の含有量が、作物の色からはタンパク質量が推測できる。これまで経験と勘によって行われてきた農業をデータ分析することで、作業の効率化と作物の品質保証を目指している。

右で紹介した例を含め、イノベーションといえば、革新的な技術開発がイメージされるが、それだけではない。**新顧客の開拓、新しい仕組みづくり、そして効率的な組織への改革もまたイノベーションであり、強く望まれている。**

これからは、20世紀のようにただ欧米モデルを追い続けるのではなく、日本固有の繊細な技術、「おもてなし」や和食といった独自の文化を生かした、日本型グローバルスタンダードを生み出す可能性を模索しなければならない。

そうした視点に立って、いまの日本の産業やほかの業界から成長エンジンとなる分野を見出し、新たな成長戦略のシナリオをつくることが大切になる。ドラッカーも、そうした日本の姿と貢献度に期待を寄せていると著者は確信する。

最も重要なのは経営者

ドラッカーは、経営者のエネルギーは、ゴール、資源、組織構造、従業員に向けられるべきであると説く。そのため、**経営者は常に問題解決者であるべき**ことを強調している。

「解決すべき課題や問題は何か」「働いている人びとが自分の所属する組織への貢献となる成果を上げ続ける最も良い方法は何か」を、経営者は自問自答するのである。

このような考えの下で、経営者はオーケストラのコンダクターのごとく業務を指揮監督するための努力を行わなければならない。経営者はこの課題を達成するために、自社のマネジャーや社員に、それぞれの地位と責任に応じて働くことを求めるのである。

一国の経済や世界の経済にとって、最も重要な人は企業経営者であるとドラッカーは指摘する。ただし、これは実際の経営者に限ったことではない。戦争においてジャングルを舞台にゲリラ戦が繰り広げられれば、指揮系統を保持することはできない。そこでは隊員全員が指揮官になる。

どこから敵がやって来るかわからないビジネス環境の中、**われわれは誰もが経営者であることを忘れてはならない**。そして経営者たちがビジネスを成功させない限り、われわれの生活は貧困になり、世の中のシステムは崩壊する。

経営者を含むビジネス関係者たち全員が、日本が次に目指すべきターゲットは何かを考えなければならない。一例を挙げれば、世界中の中流階級の人びとの感性にマッチした製品を提供することである。安全と安心が保障された上質で個性的な商品こそ、中流層が望む、「新しくてちょっと贅沢《ぜいたく》な」商品や製品であろう。

ドラッカーからの四つの提言

もし、ドラッカーがいまだに健在であれば、日本の次世代の経営者やビジネスパーソンに何を伝えただろうか。本書を通して著者なりにそのエッセンスを述べていくが、それは次の4点に集約されると考える。

第1にグローバルな**視野を培《つちか》い、世界の動向を読み取れ**ということである。

グローバル時代において、次世代の若手幹部候補生たちは、まず異文化に理解を示し、国際感覚と感受性を身に付け、世界を知り、世界に友人をつくる必要性がある。世界がどのようにデザインされているのか。そのシステム・仕組みや柱は何かを知るのである。

第2に、**異文化をバックグランドに持つ人たちとのコミュニケーション能力と交渉力を高める**ことである。

AIやナノ・テクノロジーに対する技術や知識が重要になっているいま、そうした知見を持つ外国からの移民や技術者たちと共に働く時代がすでに到来している。語学はもちろん、彼らと共にビジネス業務をする技能や対人コミュニケーションスキルを身に付けることが求められる。未来はすでに始まっているのである。

第3に、**問題意識を持って自分の強みは何かを見つけ出す**ことである。

第2章で改めて述べるが、現在は知識の時代から知恵の時代に移行している。時代に取り込まれない、しなやかさとたくましさが必要だ。

第4に、**地域の強みを生かし、グローバルな教養人として行動せよ**ということである。世界に勝負できる強みを持ったローカルの特産物や製品を生み出す必要がある。そして、行動による追査のない計画は、実績を生まない。実行ができなければ、すべては徒労か無意味かに終わる。

「失われた20年」を過ごした日本。これから先の20年、30年がどのような時代になるのか、われわれには予測できない。しかし、ドラッカーが述べているように、未来に芽吹く種はすでに蒔《ま》かれている。成長を邪魔する雑草は刈り取り、障害物は処理し、残された課題をクリアにし、乱気流時代を生き抜くために、ドラッカーの思想や啓発論は良きナビゲーターになってくれるであろう。

第1章

「経営学の父」が生まれた場所

思想の背景にある宗教学

メシアの再来

ピーター・ドラッカーは、1909年にオーストリアのウィーンでドイツ系ユダヤ人の裕福な家に生まれた。父アドルフはオーストリアの若手官僚で、ウィーン大学の教授も務めた経歴の持ち主であった。また、母キャロラインは当時では珍しい女性神経科医であった。ちなみにドラッカーの義理の叔父は、国際法学者として知られているハンス・ケルゼンである。

幼少の頃からユダヤ教のヘブライ語聖典に影響を受けていたドラッカー。他方、カトリック教会とも縁が深く、多くの著書の中でカトリック教会について紹介している。ユダヤ系の人びとは、クリスマスではなく「ハヌカ」と呼ばれる祭りを祝う風習があるが、ドラッカーの伝記では、「1927年に17歳でギムナジウム（ヨーロッパの中等教育機関。日本の中高一貫校に相当する）を卒業して以来、帰省したのは、幾度かのクリスマスの日だけだった」というように、クリスマスの想い出を語っている。

また、ドラッカーはギムナジウム在学中に週2回、ルーテル派（キリスト教の教派）の宗教の授業を受けていた。「オーストリアのギムナジウムで必修科目であったルーテル派の宗教の授業でも、牧師はあまり厳しい要求をしなかった」と回想している。

ドラッカーは旧約聖書の最初の五つである「モーゼの五書」などにも精通していた。ユダヤ教では「律法（トーラー）」と呼ばれる書物で、最も重要かつ基本的な正典と位置付けられている。

トーラーにはユダヤの人びとの習性となる中心的思想が刻み込まれている。彼らはまさかの難局に直面すれば、その都度、念入りに事実と因果関係を調べ、その解決法を考え出すことによって生き残る方法を模索する。加えて、いかにすれば繁栄できるかという方法を、その逆境から学び取る習性がある。トーラーにある「紅海を分ける」や「岩を打って水を出す」といった奇跡的な行為を望みながらも、状況に応じて考え方と行動を変え、新しい考えやイノベーションを追求していくという価値観を培う努力を行う。

トーラーの教えをもとにマネジメントを生み出し経営学の大きな礎となったドラッカー。モーゼやキリストなどのメシアの再来とも言える。

旧約聖書に見出したコンセプト

ドラッカーはユダヤ系であったため、ナチスの迫害を受ける恐れからイギリスに亡命、後にアメリカに移住する。１９４２年にバーモント州の女子大学ベニントン・カレッジで教授の職に就《つ》く。政治学、経済学、哲学と共に、旧約聖書を含む宗教学の科目を担当する。

このときドラッカーは、すでに「マネジメント」の骨格となるコンセプトを見出していた。

トーラーが重視する柱を要約すれば以下となる。

① トーラーの教えを世に広める
② 信者を増やす
③ お供えによる教会の財源を増やす

一方で、マネジメントのコンセプトを要約すれば以下となる。

①大事なのは顧客であり、事業の目的は顧客の創造である
②自分と組織の人材の強みを活かせ
③ビジネスを通じて社会に貢献し、社会が求める事業を目指せ
④これからの時代は何が起こるか誰も予想が付かない。したがって、予期せぬ出来事には日頃から備えよ

ドラッカーは宗教学をヒントにマネジメントを体系化し、自らそのコンセプトを世に普及させた。ドラッカーいわく、マネジメントの定義をひと言で表現すれば、「人をして何かを生み出すこと」である。

教会がマネジメントの好例

いかなる組織にもマネジメントは必要である。しかし従来、企業だけではなく、官庁などの行政機関や学校ではマネジメントがうまく行われてこなかった。それらに比べて、宗

教団体である教会はマネジメントをうまく行っていると言える。ドラッカーは複数の著書の中で、特にカトリック教会をマネジメントの好例として紹介している。

さらに、自身の経歴としても、キリスト教団体のコンサルタントを引き受けている。加えてドラッカーは、「パストラル・チャーチ」という巨大な教会の後援者でもあり、そのネットワークを通して、長年マネジメントを教えていた。

顧客の信者を増やし、教会に所属し続けてもらう。これが、宗教団体のメインの目的である。信者を顧客に置き換えれば、企業にも当てはまる。そして**顧客創造を行うための機能が、「マーケティング」と「イノベーション」**である。

マーケティングとは、アンテナを張り巡らせ、顧客（信者）のニーズを知ることである。また、変化するニーズに対応するために、顧客（信者）の新しい価値を生み出す必要がある。

例えばビデオはＶＨＳからＤＶＤへ、いまではブルーレイも再生できる機器も生み出されている。これまでの顧客（信者）のニーズをより満足させると同時に、新たな顧客（信者）を引き付ける必要がある。ドラッカーは、これら一連の機能を生み出すことがイノベーションであると説いている。

ドラッカーは、１９３９年にファシズムの起源を分析した『経済人の終わり』を発表する。この書が後にイギリス首相ウィンストン・チャーチルに称賛され、政治学、社会学の研究者として認められるようになる。財界、政界からも、この処女作が「マネジメント」のバイブルのように受け止められるようになる。

１９５０年代に、ドラッカーはニューヨーク大学大学院経営学部教授に就任し、『新しい社会と新しい経営』を刊行する。その後、『現代の経営』を発表し、これらの書が１９６０年代にかけて「マネジメント・ブーム」を巻き起こす引き金となった。

「ドラッカー流マネジメント」の種

マネジメント学の先行者

ドラッカーは、多くの人びとから「マネジメントを発明したことをどう思われますか」と聞かれたという。そうしたときは、いつも次のように説明した。

「私よりもずっと先行していた人たちがいる。例えば偉大なエンジニアであるフレデリック・テイラーは、1911年に『科学的管理法』を発表し、労働者の生産性を高める方法を科学的に提示した」

ただし、テイラーはマネジメントの一端に斬新的な洞察を提示したのであって、マネジメントを発明したのではない。ドラッカーはこう続ける。

「では、マネジメントを発明したのは誰か。私ならメアリー・パーカー・フォレットかアルビン・ドッドのどちらかと答える」

フォレットは、生涯の大半を社会福祉事業に捧げた人物だ。ドラッカーは1951年にフォレットの存在を知り、「マネジメントについて考察した初期の学者としては最も重要な存在」と評価した。後に彼女について記述したり、彼女の著作の編集に手を貸したりすることになる。

ドッドについてドラッカーは、「マネジメントという言葉に現代的な意味を最初に与えたのはドッドだろう。私はそれを借用しているだけだ」と述べている。なお、ドッドは1923年に米国マネジメント協会（AMA）を創設した人物である。

このように、**「マネジメント」の研究はドラッカーより先に、右記の先駆者たちがすでに手掛けていた。**

マネジメントは1920年代から30年代に、製造業分野において適用されるようになる。当時産声をあげたばかりのIBM（International Business Machines）社のトーマス・J・ワトソン、シアーズ・ローバック社のロバート・E・ウッド、それにハーバード経営大学院のエルトン・メイヨーらが、組み立てラインなどの生産プロセスのあり方、つまり、マネジメントに疑問を投げ掛けたのである。

洞察力の原点は家庭内教育

経営学の研究者の多くは、ドラッカーを抜群の洞察力を兼ね備えた人物だと評する。ドラッカーの洞察力のすごさは、**歴史に関する知識やマルチな学術分野に加え、類推的発想をもとに、既存のものを新しく組み合わせ、「新しい見方＝創造性」を探っていく**ことにある。

類推的発想とは、メタファー（比喩《ひゆ》）の組み合わせを素早く連想できる能力と言える。例えばビジネスを球技に見立てることである。ドラッカーは、日本のマネジメントをサッカー型として捉えている。その特徴は、各自のポジションが定められているが、ゲームの流れに沿って、各自が柔軟性を持って自由に動けるスタイルにある。

これに対し、アメリカのマネジメントは野球型で、各自のポジションが明確に定められている。それぞれ個性を持っているスペシャリストのプロであり、特技を駆使してチームを勝利に導くマネジメントスタイルである。

こうしたドラッカーの洞察力の源となっている要素とは何か。また、いつ頃から培われたのであろうか。

ドラッカーの愛弟子とも言える『アトランティック・マンスリー』誌のジャック・ビーティは、それは、ドラッカーが受けた教育が根本にあるという。

先に述べた通り、ドラッカーの父アドルフは政府の高官であり、大学教授も務めた人物である。母親は医学の道に進み教育を受けている。両親が社交的であったため、家庭には、ヨーロッパ各界の著名人、文学者や経済学者といった学識者らが頻繁《ひんぱん》に出入りしていた。ドラッカーが８歳のときには、父と親交が深く、世界的に有名なユダヤ系精神医科のジークムント・フロイトを紹介される。

比喩的に言えば、ドラッカーは物心が付く頃から、大学の一般教養の基礎を自然に身に付ける機会に恵まれていた。英語で言う「ギフテッドチャイルド」であった。

また、ドラッカーは、幼い頃から文豪ウイリアム・シェイクスピアの作品を愛読していた。そのため、シェイクスピアの多くの作品がドラッカーの人生論、組織論、マネジメント論に影響を与えた。詳しくは拙著『マネジメントの父ドラッカーと世界の文豪シェイクスピア』を一読されたい。

ドラッカーの才能を見出した2人の女神

縁とは不思議なものである。ドラッカーは小学校4年生のとき、自分の人生を変えることとなる2人の「運命の女神」と遭遇する。

ゾフィーとエルザという教師の姉妹である。この出会いが、後のドラッカーの経営学、思想、マネジメントのコンセプトその他の面において、多大な影響を与えることになる。

これは、神が仕組んだ縁かもしれない。ドラッカー自身、「ゾフィー先生とエルザ先生以外に、私にとって本当の先生はいなかった。この2人との出会いがなかったなら、後の経営思想やマネジメントのコンセプトを生み出すことはできなかった」と回想する。

温厚な姉のゾフィーは、男子生徒には料理と裁縫を習わせ、女子生徒たちには、カナヅチとノコギリを持たせて図工を教えた。ゾフィーは改革的で常識を覆すことができるイノベーティブな教師であったとドラッカーは回想する。

他方、妹のエルザは厳しい先生であった。ドラッカーに自分の学習計画を立てさせ、その実行に責任を持つよう指導した。「目標を立ててマネジメントを行う」というコンセプトはエルザから学んだ。

このとき同時に、ドラッカーの文才は萌芽《ほうが》することになる。ドラッカーの文章力に着目したエルザは、彼の長所と才能を伸ばすために週2本の作文を課した。1本のテーマはエルザが設定し、もう1本をドラッカーに選ばせた。そうして毎週、ドラッカーはエルザから目標設定と計画実行のアドバイスを受けていた。

結果を振り返ると、目標と現実の開きが明確になる。また、得意分野を生かしてそれを改善できる方法も学んだ。目標を達成したときもそのプロセスを知ることができた。ドラッカーの説く「できないことではなく、できることに着眼せよ」「強みの上に自己を築け」といった考え方は、エルザから学んだものと言える。

ドラッカーは想起する。

「人たちが、**自分の長所を知らないのは、自分の長所を生かすという考え方を教わってこなかったから**である。教師として、またコンサルタントとしての私のいちばんの強みは、長所を模索できることであろう。何はともかく、自分は**失敗から学ぶものはないということに気づいた**。人は成功を通して学ぶべきである」

マネジメントにおける「実践と実行」の大切さは、このときの体感学習を通し、自然にドラッカーに内在化されていく。ドラッカー自身、エルザの下で実践してきた学習が、後に世界中の経営者たちに伝授されることになるとは、当時は想像も付かなかったことであろう。

開花する「ドラッカー流マネジメント」

一般教養科目としてのマネジメント

ドラッカーは名著『マネジメント』の中で、現代社会を「組織社会」と捉え、マネジメントこそが社会の要であり、柱的な存在であると位置付けた。社会の進歩や人びとの幸福は、企業、政府、ＮＰＯ、ＮＧＯなどの組織がマネジメント層によっていかに運営され、いかなる結果を生み出すことができるのかにかかっているという。また「学習することによってマネジメントは習得できる」と述べている。

ドラッカーは、何がきっかけでマネジメントに関心を持つようになったのであろうか。大学の教授になってからという見方が大多数だが、実は、もっと若かりし頃、フランクフルト大学の学生時代である。

ハンブルク大学からフランクフルト大学に移った青年ピーター。彼にとって、大学の講義は退屈であった。しかし、たまたま受講した「海洋法」の講義が、ドラッカーにとって刺激的で、それまで受講したものの中で最も統合的な教育講義であると感じたという。海洋法には、西欧の歴史、社会、技術、法の思想、経済のすべてが凝縮されており、総合的な体系を学べるからである。

ドラッカーは、後にその学びをマネジメントに応用した。

「マネジメントとは人間の価値観や行動、社会の秩序や知的な疑問を統合する知的体系である。経済学や心理学、数学、それに政治倫理、歴史、哲学などから構成されており、一種の素養などを含む一般教養科目である」と説いたのである。

それに加え、マネジメントの手法やインプット面については、自信の経験ももとになっていると言えるであろう。自動車の運転にたとえれば、ペーパーテストを好成績でパスしたからといっても名ドライバーになるとは限らない。実施の体験を通して覚えなければ、高度な運転技術は身に付かない。机上の学びだけに頼っていては、名ドライバーやF1レーサーにはなれないのである。

GMでの体感と研究

アメリカに移住したドラッカーが目にしたのは、新しい社会原理として登場した巨大企業であった。彼はそうした組織の社会的使命が何かを解明すべく、研究対象となるアメリカ大企業に協力を呼び掛けていた。しかしなかなか見つからない。

ドラッカーが途方に暮れていたある日、突然一本の電話がかかってきた。時は1943年の秋。これがドラッカーのマネジメント理論を深め、彼の運命を変えることになる。

ドラッカーの著書『産業人の未来』を読み感銘を受けたGM（ゼネラル・モーターズ）社の副社長、ドナルドソン・ブラウンからの代理人を通した連絡だった。内容は、GM社を研究対象にした組織調査の依頼である。

ドラッカーはその後1年半の間、世界最強といわれたGMの企業組織をつぶさに調査し、『企業とは何か』を発表。GM内での体感や研究結果がマネジメント理論に発展し、世界の経営哲学を変革させるきっかけをつくった。

ドラッカーの経営哲学は、組織や企業経営の分野のみならず、個人のプロフェッショナルな側面の成長の分野にも及んでいた。いわゆる「ナレッジワーカー（知識により企業に付加価値を生み出す労働者）」が21世紀のビジネス環境で生き残り、成功するために必要な要素であることを提唱していた。

例えば、**「自己の強みは何か」「自分がいつ変化すべきか」**を知る必要があるということである。そして、自分が成長できない環境であれば、そこから迅速に抜け出すことを勧めていた。**「プロフェッショナルとして成功に貢献するためには、新たなものにチャレンジすべし」**というのがドラッカーの持論であった。

ドラッカーは１９４６年には『会社という概念』を刊行する。この書はフォード社の目に留まり、フォード社再建の教科書として使用されたと言われている。また、１９５０年には、ＧＥ（ゼネラル・エレクトリック）社にコンサルタントとして迎えられ、「組織原理の分権化」を提唱する。

このように、実際のビジネス現場においてドラッカー流のマネジメントが取り入れられるようになり、その理論が社会的に認められていったのである。

「人」ありきの経営思想

ドラッカーの研究領域は

ドラッカーは研究者としての自分を、ユーモアを込め、経営学ではなく「社会生態学」の研究者であると述べたことがある。そのためか、多くのドラッカーに関する著書において、社会生態学者として紹介されている。

しかし、果たしてその表現が適切であろうか。実際には、ドラッカーの研究領域は、経営学、社会学、政治学、政策科学、歴史学、経済学、心理学、法学、哲学、倫理学、文化人類学、社会思想学、情報倫理学、社会言語学、社会福祉学、教育学、人文地理学、地政学、コミュニケーション学などを横断している。現状を知覚し観察することによって未来の方向性を追求し、問題に対して解答を見出したり、説明を加えたりする、社会科学や行動科学分野の研究者でもある。

ドラッカー研究家として知られる経営学者のアラン・M・カントローは、『ハーバード・ビジネス・レビュー』に寄稿した論文の中で、ドラッカーの思考方法について以下のような興味深いコメントを残している。

「マネジメントを理解する上で**ドラッカーがもたらした真の功績は、その独自のアイディアではなく、むしろそうしたアイディアを生み出した旺盛《おうせい》な精神活動にある。**歴史、哲学、道徳心理学、社会学、政治学、科学、文学、医学などに事例を求め、パターンを探るという思考方法がモデルになっており、著作の内容は、一段高い所から将来を見据え、物事を解き明かしていくドラマである」

ドラッカーは創造物の神聖化を信条としている。「あえて科学と呼ぶならば、それは200年前に死語となった『道徳科学』である」とドラッカーは指摘する。つまり、ドラッカーは、社会科学や人文学にも精通した「道徳科学者」である。メインの研究領域は、観察を通して諸問題を見つけ出し、処方箋を模索し、問題の処理や未来への方向性や解決策を見出すことを目的とする社会科学であり、マイナーの領域が歴史、言語、文学、哲学の分野からなる人文学となる。

ドラッカー自身、『『社会生態学』とは、私の造語である。しかし、一つの体系（私は社会生態学を一つの体系化したものと見なす）として、社会生態学の由緒《ゆいしょ》ある系譜を誇るものである」と述べている。

関心の中心は常に個としての「人」

『ビジョナリー・カンパニー』の著者、ジム・コリンズは、「ドラッカーは成果主義者でもあった」と述べている。コリンズによれば、ドラッカーは、リーダーシップ、組織風土、情報、イノベーション、分権、マーケティング、戦略のいずれに関しても、最も成果が上がる方法とは何かを考えていた。掲げるミッションが立派なものであればあるほど、求める成果を明確にするよう探求した。

ドラッカーは、庶民の側に立ち、いわば在野の精神をもって実行するプラグマティスト（実学主義者）でもある。かといって、結果がすべてということでもない。コリンズは、ドラッカーを「実学家であったが、自己の君臨を目指すテクノクラート（政治経済や科学技術について高度の専門的知識を持つ管理者）ではなかった。学問中心の、知識をひけらかすような学者でもなかった。科学ではなく、芸術としてマネジメントを捉えていた」と語る。

ドラッカーは「私の本は皆、**人を動かして行為させようとしている。**人を動機付けようとしている」と強調する。ただ現実を解釈するのではなく、それを自分のこととして次に進む。そのことに価値を見出そうとしていた。

ドラッカーにとって人を目的ではなく手段とすることは、もっての外の不道徳なことであった。社会と人を取り上げ書いていたが、関心の中心の柱は常に個としての「人」であった。モットーは「人こそ最大の資産」であり、目的は人を幸福にすることにあった。そのためには個人としての人間と、社会や組織の中の人間のいずれかに対するアプローチを取ることができる。ドラッカー自身が選択したのは後者だったのである。

「企業＝組織＝人」のコンセプト

近年、「人類を研究するのなら組織を研究するのが最適だ」という認識が次第に支持を集めているようである。

ドラッカーは「現代社会＝組織社会」とみなしている。そして企業を「社会を代表する組織」と捉えている。「私たちは、大規模な大量生産工場が社会の現実であるということを理解した。これからは、この工場が私たちの夢を背負うことになる。その夢とは、機会均等、個人的達成感というアメリカンドリームにほかならない」と指摘する。

ＧＭの調査を終え、それを『会社という概念』にまとめて刊行したのは、第2次世界大戦後の１９４６年。ＧＭ社経営陣や出版社の予想に反してベストセラーとなったところが、学界においてドラッカーには「うさんくさい奴」というレッテルが貼られることになる。当時はまだ「マネジメント」という言葉に一般的ななじみがなく、学問としても確立していなかったためである。

ある評者はミクロ経済学を扱わないビジネス書であることに当惑し、「価格の理論などについての分析が欠けている」と批判。加えて、「この若い学者が持てる才能をもっと真面目な課題に使うことを期待する」との書評もあったという。

マネジメントは政治学の領域ではないという理由から、ドラッカーは、米国政治学協会の研究メンバーからも外された。それよりも痛烈なのは当のＧＭ社からの予期せぬ批判であったという。

１９３０年代の半ばには、アメリカ自動車産業を代表するキャデラックの生産を誇っていたGM社。成功を収め、経営陣の方針が真理であるかのように思えた。世界市場最大の繁栄をするはずであった。

だが、実際には、そうならなかった。GM社の自動車はいつしか大量生産される低品質のアメリカ製品の代名詞になってしまった。

UCLAのルース・ミルクマンの長きにわたる研究の報告書には、以下のような記述がある。

「頭を使わなくてもできる単調な仕事、やたらに厳しい規則、恐ろしく冷酷な管理職。この三つが重なったために、労働者たちは、いつしか刑務所にいるような気分になっていた。早期退職者たちのコメントには『GMのラインは、地獄のような所だった』『GMで働くのは嫌いだった。特に、工場の運営のやり方が気に入らなかった』などといったものもあった」

GM社を世界最大級の製造企業へと成長させたアルフレッド・スローンは、マサチューセッツ工科大学（MIT）開学以来、最高の成績で卒業した秀才である。自社の経営がまさか悪化するとは、思いもしなかったことであろう。スローンは**「今日売れている製品が、明日も売れるという保証はない」「業界で最も規模が大きい会社が、いちばん儲かっているとは限らない」**といったドラッカーの教えを座右の銘にできなかったのであろうか。

第2章

自己啓発としてのドラッカー

経営者は真摯《しんし》であれ

求められる根本的な資源

「優れた経営者とはどんな人物か」

そう問われたとき、読者の方々は誰を思い浮かべるであろうか。電子の世界へ私たちを導いてくれたビル・ゲイツであろうか。それとも世界になかったデバイスを持つ喜びを教えてくれたスティーブ・ジョブズであろうか。「夢の技術」と言われた電気自動車をどこよりも安価で提供したイーロン・マスクかもしれない。

無論、彼らは優れた経営者である。天才的な才能や英雄と呼ばれるような資質を持って生まれた人物であろう。

しかし、ドラッカーは優れた経営者になるためには、超人的な才能など必要ないと説いている。それでは必要なのは何か。

私たちが生きる時代のビジネスは、かつてないスピードで進んでいる。かつて、ＡＩがここまで発展すると考えていた人がどれほどいたであろうか。「ＡＩが人類を支配する」というＳＦのような考えは、10年前なら頭から否定されていたであろう。しかし、２０１９年の現在、ＡＩの脅威を否定する人はいない。

ハイスピードに進むこの時代だからこそ、ドラッカーはこう教えるのである。

「経営者にはスキルの向上や仕事の理解だけでは補うことのできない、根本的な資源が求められる。必要なのは真摯さである」

理想の経営者が持つ真摯さとは何か。彼らの実行力を裏付ける価値観は「ノブレス・オブリージュ」と言い換えることができる。ノブレス・オブリージュとは「高貴なる義務」という意味である。富裕層や権力者は社会の規範となるように振る舞うべきという社会的責任である。

中世ヨーロッパでは、王や貴族は何かを生産していたわけではない。自分たちの治める地の住民を支配し、徴税してきた。しかし、ひとたび戦争になると、全権代理人として戦った。一般庶民が戦争に参加することはなかった。

貴族制度が古くから根付いていたイギリスにおいて、上流階級には、さまざまな社会的特権が付与されていた。それと引き換えに彼らには、戦争が勃発《ぼっぱつ》した際、最前線で身体を張って戦う義務が負わされていたのである。

「ノブレス・オブリージュ」を忘れた経営者

では、**現在の貴族とも言える経営者に「ノブレス・オブリージュ」があるのか。**この問いには疑問符を付けざるを得ない。企業のトップが内部告発などで失脚する事例が、近年多く報告されている。

2018年に世界を駆け巡った、日産自動車会長カルロス・ゴーン逮捕のニュースはその典型と言える。ゴーンの逮捕が、日本社会のみならず、世界中を震わせたことは記憶に新しい。報道によると、過去8年間、ゴーンが有価証券報告書を80億円以上過小に記載していたことが明らかになった。

ドラッカーの視点から見ると、事件の本質は法的議論とは別のところにある。ノブレス・オブリージュから次第に脱却していった結果である。

企業は本来経営者のものではなく、株主のものである。経営者は株主から経営を委任された代理人に過ぎない。その経営方法を監督するのが取締役会である。だがコーポレートガバナンスの規約を形式的に整えても、人事権を握る経営者次第で取締役会の監督機能が簡単に失われる企業が多い。

ドラッカーは語る。

「経営者たる者は、高潔なインテグリティを持っていなければならない。上司は天使でも悪魔でも構わない。だが、その上司が非常にダーティであれば、その人物がいかに優秀であっても、即その船を捨てよ」

「インテグリティ」とは「誠実」「真摯」「高潔」などと訳される。誰もいない所であっても正しいことを行う正直さのことである。

繁栄を続けている企業の特徴は、絶えず激変する経営環境の中においても、無私の精神と人間的魅力を備えた企業のトップがイノベーションを起こしていることである。こうしたトップの下で全社員が一丸となり進むことが、企業の存続には不可欠である。高い地位には万国共通の無私の行動を促す不文律が伴うのである。

ドラッカーは説く。

「真摯さを絶対視することによって、マネジメントの真剣さが示される。人の強みよりも弱みに目を向ける者をマネジャーにしてはならない。また、真摯さよりも頭の良さを重視する者も、マネジャーにしてはならない」

知識がそれほどなく、仕事ぶりもお粗末であり、判断力や行動力に欠けていても、マネジメント面では問題がなく、無害な人がいる。一方で、知識が豊富で聡明であり、かつ仕事をうまくこなしていても、真摯さに欠けているマネジャーもいる。後者の存在が組織を崩壊させ、最も重要な資源である人材も破壊してしまう。挙句の果てには、組織の精神を損なわせ、成果まで損なわせてしまう。

組織はトップから腐る。「魚は頭から腐る」という比喩があるように。

自分の「強み」を知る

キャリアを積むために

この社会の中で、企業人として成果を上げるためにはどうすればいいのか。ドラッカーが説く「セルフマネジメント」の考え方にヒントがある。

ドラッカーのセルフマネジメントには三つの柱がある。

①自己の「強み」を知る

すべての人びとには得手がある。つまり自分の保持している強み、得意分野を伸ばし、フルに展開する才能や能力のことである。そのためには、まず**自分の強みを発見し、それを業務や仕事のベースにする。**際立った成果を上げられる分野や業務にフォーカスを当てることが大切である。そうするためには、業務に優先順位を付けることも大事になる。なお、自分の得意分野や弱点は、第三者が知っている場合もある。周囲の人たちの意見やアドバイスにも耳を傾ける必要がある。

②　自己のやり方を知る

人は得意なやり方や方法で業務や仕事の成果を上げる。しかし業務や仕事の性格、個性は、業務に就く前に形成されている。業務のやり方や進め方は決められたものであるため、修正や変更は難しい。だからこそ、**自分にあったやり方を知り、それが合う業務に就く**ことが大事である。

③　自己の価値観を知る

人が組織において成果を上げるには、**自己の価値観が組織の価値観になじむものでなければならない**。同一である必要はないが、共存しなければならない。

自らの強み、仕事の手法、価値観を知り、チャンスを掴むよう日頃から心の準備をし、用意した者だけが、キャリアを積むことができる。自らの得るべきところを知ることにより、卓越した業務や仕事を行うことができるのである。

なぜイチローがメジャーで成功できたか

アメリカ大リーグに移籍し、メジャーの殿堂入りが確実視されるほどの活躍をしたイチロー。彼の日本プロ野球でのスタート、オリックス・ブルーウェーブ入団はドラフト4位指名だった。希代のスーパースターは1位指名ではなかったのである。

彼には小柄というハンディがあった。そのハンディを補うために独自の打法を生み出し、強みである走力を活用して塁に出て、ヒット数を増やしチームの勝利に貢献した。メジャーに移っても、自己の得意分野である足でヒット数を増やし、打点をたたき出した。日本でもアメリカでも、ドラフト1位指名された選手以上のキャリアを積み、「世界の野球界」を代表するスーパープレイヤーとして、人びとの憧れのヒーローとなった。

彼は**自分の弱みを強みに切り替えるセルフマネジメントを行った**のである。もし、イチローが日本プロ野球の入団時に、あるいはメジャー挑戦時に、体重を増やして大型のホームランバッターを目指していたならば、殿堂入りが期待されるほどの活躍は果たせなかったであろう。「世界のイチロー」から学ぶべき点は多い。

正しい「知識」の扱い方

新たな価値を創造するための知識

資本主義社会は、資本と労働力をガソリンとして社会を前に進めてきた。しかしその根本が「知識」に取って代わられる社会の出現をドラッカーは指摘している。

ドラッカーは1957年に出版された『変貌する産業社会』で「知識労働者」の出現を予測している。それを発展させたのが序章で触れた「知識集約型社会」であり、ドラッカーにとって生涯のテーマとなった。

ドラッカーが指摘する知識とは、情報量を意味しない。**新たな価値を創造する知見が備わった知識**である。

知識を備える人は、最初からそうだったわけではない。人は他者から期待され、その期待に応えるために、何かを行い、何かを学び、何かを変えていく。知を重ね、より良い社会を実現することがドラッカーの説く真摯さである。知識集約型社会の中心には、その真摯さを身に付けた人間を据えなければならない。

ただし、知識はその気があれば誰にでも修得できるものでもある。年齢も性別も国籍も関係ないと言える。そうであれば、ドラッカーの唱える知識集約型社会とは、多くのライバルが存在する社会ということになる。当然、生存競争は激しいことがわかる。つまり、**習得した知識を有効に活用できる能力が求められている**のである。

知識に行為が伴い「知恵」となる

ドラッカーは、指摘する。

「知識とは、本に書かれている内容である。だが、これは私にとって、私の本に書かれているものも含めて、情報に過ぎない。私にとって、**知識とは行為が伴ってこそ初めて生きる**のである」

行為の伴った知識。それは「知恵」と言い換えることができるだろう。哲学者のマイケル・ポランニーは、「知識は言葉で表せるものであり、書物から学べる。しかし、知恵は暗黙知であるため、言葉では表せず、経験から学ぶものである。また知恵は、たとえ多くの書物を読んでも身に付かない」と述べている。

松下電器の創設者である松下幸之助《まつしたこうのすけ》は「知恵の人」と呼ばれていた。松下は、幼い頃から知恵の核をなす洞察力、大局観、直感力を兼ね備えていた。それらを生かして「二股ソケット」や「自転車用ランプ」、「反射型ストーブ」などを次々と発明。また日本で最初に週休2日制度を導入するなど、社員の働き方に関しても先進的な考えを持った実践型実業家であった。

あるいは名探偵や刑事なども、現場経験を通した「勘」で犯人を突き詰め、逮捕に踏み切ることがあるという。これも一種の知恵と言えるであろう。長年の職業経験や体感を通してでなければ掴めないという。

科学にも精通していたイギリスの哲学者フランシス・ベーコンいわく、「学問なき経験は、経験なき学問に勝る」。ただ勉強しているだけでは駄目で、行動を通して経験を積まなければ知恵は培えない。

ただ、もちろん自分で経験を重ねていくことが求められるが、他人の経験から学ぶことも必要である。自分で経験するのに必要な時間やエネルギーを節約できる。成功を収めたければ、知恵の豊富な人と知己《ちき》を得ることが必要だ。**自分の経験からしか学ばない者は愚かで、他人の経験から学ぶ者は賢者**である。歴史は人を賢くするのである。

「教養人」がイニシアティブを握る時代

時代の変化を読み取る

ピーター・ドラッカーを経営学者という枠組みだけで捉え切ることはできない。第1章で紹介した通り、経営学という狭いフィールドを行ったり来たりしているのではなく、その視野は広い。政治や経済に限らず科学技術まで、あらゆる分野に興味を持っている。さらには、世の中の流れにも目を配っている。

その著作には大きく分けて三つの領域がある。

一つ目が、経営思想の枠組みの中で、組織のマネジメントを扱ったもの。二つ目が社会や政治に関連させた思想やコンセプトを取り上げたものである。

ここで注目したいのは、三つ目である。それは世界的視野に立って、各文化や人類のユニバーサル（普遍的）な発展を見通し、歴史と哲学的視点から解説するものである。

ドラッカーは、**知識社会でイニシアティブを握るのは、「教養」のある人間**であると指摘する。

イニシアティブを握る人間は、その知識や知恵によって社会が抱える課題解決の道のりを示さなければならない。そのためには、グローバルな視点から世界中の経済、政治、文化、宗教、伝統などについて常に知識をアップデートしなければならない。また、自らの地域社会から糧《かて》を吸収すると同時に、地域の文化に糧を与えることも求められる。

ドラッカーによれば、そうした見識を持つ者が「教養人」である。ドラッカーは紛れもない教養人である。ベニントン大学で正教授として教鞭《きょうべん》を執った7年間が教養を学んだ時期であると自叙伝で述べている。国際政治学、哲学、行政学、アメリカ史などを教えることで自分自身を教育したという。

さまざまな変化がほかの分野の変化を招くからこそ、われわれは幅広い分野に目を向け、自己啓発をしなければならない。グローバル化の大きなうねりなどの、歴史的な変革の潮流に対して、鋭い鳥の目のような観察力と洞察力を持ち、時代の変化を読み取る能力に長《た》けていなければならないのである。

ドラッカーは説く。

「未来に向かって人は後ろ向きになりがちであるが、**すべての課題と変化を機会と捉える態度が必要**である」

世の中の流れに目を配る

ドラッカーはいまで言う「未来型思考」で、これから起こり得る世の中の変化を見据えていた。

グローバル化している現代。不確実性と複雑性に直面する大企業のリーダーやマネジャーには、次の事柄に対する先見性が必要であるという。

「競争力」「多様性」「組織の適応性」「不確実性への対応策」「他文化の政治、経済の動向」である。

これら**先見性が、組織として、また個人として成功するために、取るべき多くの新しい方向性とビジョンを示す**という。言い換えれば、現在の日本や世界をよりシステム的に見ることによって、より広く、より大きな構図や大局観を持つことが重要ということである。

教養人であるためには、複数の文化を自らの中に一体化する必要がある。得た知識を現実と連携させ、未来成型に用いなければいけない。東西の伝統、芸術、思想、音楽など、多様性に寛大であることが求められる。ドラッカーは、こうした**新教養型企業人や経営者が責任を負う世の中が、脱資本主義社会**であると説いている。

本書を執筆している2019年12月現在、世界ではどんな動きがあるだろうか。

例えばヨーロッパ。第2次世界大戦、冷戦という時代を経て分裂していたヨーロッパ諸国はEU（欧州連合）という形で統一されていったが、いままた分裂の危機に瀕している。2016年、イギリスは国民投票でEU脱退を決めた。2018年にはEUと「離脱協定案」に合意。しかし2019年には国内議会で3度にわたり離脱協定案は否決され、離脱期限は最長で2020年1月まで延期された。

あるいは移民問題である。ドラッカーは社会を変える要素として移民問題を指摘している。先進国の中では、移民についてアメリカ並みの経験を持つ国はオーストラリアとカナダだけである。日本は1910年代から40年代に朝鮮から受け入れた以外に経験はない。彼らに対する差別意識は今日でも問題にされている。

19世紀の大量移民は、アメリカ、カナダ、オーストラリア、ブラジルのような空白に近い地帯への移住か、同一国内における農村から都市部への流入であった。ところが21世紀の移民は、すでに人間がいる所へ流入する、国籍、言語、文化、宗教の異なる外国人である。依然としてヨーロッパは、そのような外国人の同化に成功していない。

ここに記したのは端緒な例でしかないが、こうした**世の中の情勢が、世の中や自分のビジネスにどんな影響を与えるか**、常に考えていなければならない。自分の持っているアンテナを内部だけではなく、外部にも向けなければならないのである。

ローカルに学び世界の課題を解決する

ドラッカーは**地球全体に目配りするとともに、ローカルに学ぶべき**であると説く。そこでの発見を逆投影させ、世界が抱えている課題を解決すべきと指摘する。つまり、自分に近い地域で得たことを、世界の課題解決に向けるべきということである。

例えば、地球規模の環境保護と開発という視点から、環境に優しい製品を開発することなどが、これに当たる。

北海道では雪を保管し、夏になれば冷房に使用する。あるいは近年、プラスチックストローが海の公害物質として問題視されている。企業がそれに代わる紙のストローの開発に乗り出したことなども一例である。

ドラッカーは**「自分は何をしたらよいか」**を越え、**「自分を使って何にどのように貢献したらよいか」**に答えを出させようとする。そのためには、いま私たちが住んでいる世界におけるベーシックな変化にもフォーカスを当てる必要がある。自らがどこにいて、何をすべきかを知らずして、成果を上げ、社会に貢献することはできない。

グローバル社会に対応せよ

異文化を理解し古い文化を改める

アフリカのルワンダといえば、その昔、大虐殺事件が起こった場所として知られ、一時は世界中に敬遠された国である。しかしいま、そのルワンダはグローバルビジネス国家へ変貌しようとしており、空飛ぶドローンの生産では世界のトップとなった。

ルワンダにおける未来型ビジネスに興味を示したのが、アメリカのZipline（ジップライン）社というドローン作りで知られる企業である。ほかの国々もアグレッシブな姿勢でルワンダとビジネス分野で手を組むことを模索している。

日本ではＪＩＣＡ（国際協力機構）がルワンダ市内に事務所を設立した。日本と手を結びビジネスチャンスを狙いたいルワンダの企業に、事務所を無料で貸し出している。

しかし、ＪＩＣＡに限らず日本の担当者は、ルワンダのビジネス関係者とどう向き合っていいのか手探りのようである。日本は他国に比べ、いかにすれば異文化ビジネスを成功させるかということについて、動きが鈍いことが背景にある。

異文化のバックグランドを持つ人がよく口にすることは、日本の企業文化の二つの課題である。

一つ目が**残業の多さ**。残業規制の強化により、疾病やメンタルヘルス悪化の緩和が期待されている。

二つ目が**正社員と非正社員の賃金格差**。これも重要である。かつての日本企業の強みは人材育成であった。しかしいま、非正社員は企業内の人材育成の仕組みから外されている。ドラッカーが生きていたならば、同一労働・同一賃金のガイドラインを整え、仕事の差と賃金差について納得できるようにすべきと提言するであろう。

異文化を理解し、これらの古い企業文化を是正しなければ、日本企業が異文化ビジネスを成功させることは難しい。

他者と開放的に付き合う

日本研究の第一人者と称されたエドウィン・O・ライシャワーは、ある外国人記者から「海外の日本人居住地区についてどう思うか」という質問を受けたことがある。アメリカ国外に日本人以外の入会を受け入れない日本人による集団組織があり、批判されがちであった。それがアメリカでもつくられようとしているという背景があった。

同氏はこう答えた。

「アメリカ人は以前から外国でも自分たちのクラブなどに集まり、それを当たり前のように思ってきた。それが世界中の人から受けるアメリカ人に対する反感の原因の一つになっている。同じことを日本人がアメリカでやるからといって、われわれアメリカ人がそんなにむきにならなくてもいいじゃないか」

日本人を親しく知っているライシャワーだからこそ、このように理解したのであろう。

しかし、同時に彼は次のように指摘した。

「**日本人は日本以外の地では目立つ**。だからほかの民族ならそれほど問題視されないことでも、日本人なら注目されてしまう。そこに感情を刺激する一つの要因がありそうだ」

アメリカのコミュニケーション学者Ｄ・Ｃ・バーンランドも、まったくその通りだと指摘する。

日本の人びとはこういった異文化との問題に注意し、自分をよく知り、**他者とできるだけオープンに付き合う**姿勢を持つことを心掛けなければならない。日本では、見知らぬ人と自由に挨拶をしたり会話したりする慣習がない。著者のアメリカに住む日系の知人によれば、日本を訪問し、見知らぬ日本人に話しかけると身構えられてしまい、壁があるように感じてならないという。

好奇心を失うな

ドラッカーは、『ハーバード・ビジネス・レビュー』によく投稿しており、ハーバード大学の教授たちとも交流があった。

その中の１人で交渉学の権威であるハワード・ライファによれば、ドラッカーは大変好奇心旺盛な人物であったという。人と対話をしている際も、食事中も、自分の知らないことが話題に上ればいつも質問していたそうである。「アイディアを開発するには、先人の事例と歴史、言葉から学べ。カエルの卵が池の中からなくならないのと同じく、アイディアは決して枯渇することはない」が持論であった。

ドラッカーの好奇心を示す、こんなエピソードがある。

初来日の目的は、講演もさることながら、日本の水墨画を見ることであったという。後にドラッカーは「実を言うと、日本訪問を喜んで引き受けたのは、日本画を見たかったからだ」と語った。

イギリス滞在中、たまたま雨宿りした所で日本絵画展が開催されており、たちまち魅せられ、以来、ずっと日本画中毒になっていたという。そして初の日本訪問で、日本画だけでなく、日本という国に夢中になった。ビジョンや勇気といった資源を備えた経営者に出会い、日本に大きな潜在力があると確信したのである。

われわれも、**好奇心を失ってはならない**。知らないこと、外部を常に意識することが必要である。国内外のライバル社の動向や新情報に対して常にアンテナを張り巡らせ、目を離さず、耳をそばだて、好奇心を持ってアイディアを探ることが求められている。

日本人はパーセプションに優れている

著者は、欧米の学界の研究者から、時折「日本人は分析力に弱いように思える」と指摘されることがある。これにはドラッカーも同様の意見を持っている。ただし、日本の人びとは分析力に比べ、「知覚（パーセプション）」においては優れた特性を持っているといわれる。

ここで言う知覚とは物事の見方、捉え方を意味する心理学用語である。人物Aと人物Bのパーセプションが似通っていると、お互いの理解度も深まる。しかし、「パーセプションギャップ」という用語があるように、AとBのパーセプションが異なれば、理解度が減り誤解が生じる。

例えば、日本人とアメリカ人には野球の時間に対するパーセプションギャップがある。アメリカのベースボールは進行が速く、場合によっては一時間半で終了することもある。一方で日本の野球の試合は、5時間を超える場合もある。

流れの速いゲームに慣れているアメリカ人にとって、日本の野球は「Baseball」ではない。テンポの遅いゲームという意味を込めて、「Yakyu（野球）」として捉えられている。

これがパーセプションギャップであり、多くの人びとはこのことに気づいていない。

エドウィン・O・ライシャワーは、日本は、偉大な、あるいは独創的な思想家を生み出していないと述べた。この評は、特に日本国内で鋭い批判として受け入れられた。しかし、ライシャワーが言わんとした趣旨は、**日本人は分析的コンセプト（概念）ではなく、物事の全体像を捉えてイメージ化したり、大局を解釈したりする、パーセプションに優れているる**ということである。

例えば京都の龍安寺などに見られる石庭である。日本人は、石と砂利が敷き詰められた景色を大局的に捉え、その目には自然と調和の取れた庭として映る。しかしロンドンのキューガーデンやフランスのヴェルサイユ宮殿の庭園など、数量化、分析された庭を見慣れている欧米の一般人には、石庭が自然と調和の取れたものであるとは感じられない。こうしたパーセンプションギャップも存在する。

ドラッカーは、物事や社会や組織を解釈するパーセプションと抜群の類推力の持ち主であった。「実績を上げるには、分析的思考と共に知覚的認識が不可欠である。知覚は論理に劣らず重要で、洞察はいかなる体系にも劣らず重要だ」と述べている。人が事実を知るのはパーセプションの流れにおいてであり、感覚は排除できない。パーセプションは思考を刺激し、思考は知覚を豊かにする。**人間は、モノをよく見るほどよく考える**のである。

では、このパーセプション力を養うためにはどうすればいいのか。物事をただ見るだけではなく、観察力を養い、先述の野球とベースボールの違いなど、いままで気づかなかった現象を意識化したり比較分析したりする習慣を持つとよい。

ドラッカーは回想する。

「私が30代の青年であったとき、政府を信頼して、政府は全知全慈であると信じることが流行した。こうした信念には、私は関与しなかった。それは妄想だと常に考えていた。どんなに偉大な体系も、最終的なものというより道具として見るのである。私の立場はいつも多元論者で、絶対的な体系・制度・組織と称するものは、ぞっとするほど嫌である」

マネジメントに必要な姿勢を端的に言えば、異なった条件、文化のもとに再三生じる基本的な考え方や世界観、立場の違いに敬意を払うことである。まず必要なことは、見えるようにすることである。

いまから400年前。ルネ・デカルトは「我思う。ゆえに我あり」と述べた。現代はこれと同時に「われ観る。ゆえに我あり」と言わなければならない。今後は、論理的な分析と知覚的にバランスの取れた認識が必要になってくるのである。

人とつながる力

積極的に人脈をつくる

英語に「Wall Flower（壁の花）」という表現がある。パーティでモテない人、引っ込み思案の人を指す言葉だ。

ひと昔前に「日本叩き」という言葉が流行った。その原因の一つが日本人の社交下手である。いまでも会社や組織の懇親会では立食パーティが盛んである。日本は料理や服装などは欧米並みに豪華であるが、社交性という面ではまだまだ後進国だと評されている。日本人は知り合い同士が集まると内輪的に固まって談笑するばかりで、見知らぬ人は相手にしない傾向が強い。

これに対して欧米では、パーティではできる限り知らない人と会話して、交際範囲を広げるよう努める。ある調査では、アメリカのセールスマンは、１人の客の背後には２５０人の人がいると信じているという。１人に良い印象を与えて好感を持ってもらえれば、２５０人の顧客に広がる可能性もあるということだ。

パーティの社交術のコツは以下の九つに要約できる。

①　マナーを守りながら心配りをすること
②　各国でのセンシティブな話題やタブーに気をつけること
③　招待の仕方、受け方、返事などのベーシックな社会文法に通じること
④　パーティのエッセンスは会話であると知ること
⑤　テーブルスピーチは短く。乾杯の音頭も手短に行うこと
⑥　ユーモア感覚を忘れないようにすること
日本人は特にこれが苦手である。後に改めて触れるので、そちらも参考にしていただきたい。
⑦　パーティはタダ酒、タダ飯を楽しむ場ではないと心得ること
⑧　酔い過ぎないこと

異文化の人には「酒の席だから」と大目に認めてもらえない場合が多い。欧米では酔っ払いは精神障害者として見なされることもある。

⑨ 女性に対する正しい振る舞いを心掛けること

フォーマルなディナーの場合には、男性は右側の女性に対して椅子を引いて、着席・離席を手助けし、車のドアも手で押して女性の出入りを手伝う。また上着の脱着も後ろに回って手助けする。女性が部屋に入ってきたら、男性たちは一同に立ち上がって迎え、女性が着席するまで座らない。

ドラッカーは、公私にわたる広い人脈の持ち主であった。成功者に共通する資質があるとすれば、人脈を構築し発展させる能力である。知人や友人を上手につくることはビジネスの成功の基本であり、**宴会やパーティの席での人脈づくりはリーダーやマネジャーを目指す人にとっては必要な要素の一つ**である。もちろん社内の人びとや同僚に限らず、部外者や異業種の人びとも含む。

対人コミュニケーション力を高める

より良い人間関係へと導くアクションは、効率の良い対人コミュニケーションと切っても切り離せないものである。理想的な関係を維持したければコミュニケーションの技術を身に付ける必要がある。哲学的に論じても役には立たない。実際に言葉や行動を通して、それらを活用しなくてはならない。ここでは具体的なコミュニケーション術について紹介する。

欧米では親が子に、「初対面の人と話すときは、最初の3分間に相手の名前を3回言いなさい」という暗黙のルールを教える。また、「話上手は聞き上手」といわれ、親たちは人の話を聞かない子どもたちを、「耳は二つ、口は一つでしょ。おしゃべりするより、よく聞くようにしなさい」と叱る。「話三分、聞き七分」というルールである。これは、大人の世界でも通用するルールである。企業人も他人の言葉にはよく耳を傾けなければならない。

握手の作法も社交術の一つである。

近年では異文化のビジネス関係者と、日本のビジネス関係者が接する機会が増えている。しかし著者は複数の欧米のビジネス関係者から、「日本の商談先の人たちと握手する際、どことなく、ぎこちなさを感じる」と聞く。日本人の力の入らない握手は「死んだ魚のような手」と呼ばれ、熱意がないと受け止められる。握手一つとっても訓練が必要である。

また、握手は男性がするものと考える人もいるが、最近では女性管理職も増えたため、男女の間でも握手する機会が増えている。男性から女性へ差し伸べるのではなく、女性が先に手を差し伸べた後、男性がエレガントに軽く握手をするという暗黙の国際ルールがある。加えて、男性は初対面のとき以外にも握手をするが、女性はしない。女性対女性の握手は、初対面でお互いが紹介されたときにのみ交わされる。

コミュニケーンの技能や技術においてパーフェクトな人は誰もいない。しかし、**日常の生活の中でそれを磨くことは誰でもできる**。コミュニケーションの技術については、第5章でも改めて触れる。

お買い求めいただいた本のタイトル

■お買い求めいただいた書店名

(　　　　　　　　　　)市区町村(　　　　　　　　　　)書店

■この本を最初に何でお知りになりましたか

□ 書店で実物を見て　□ 雑誌で見て(雑誌名　　　　　　　　　　)
□ 新聞で見て(　　　　　　新聞)　□ 家族や友人にすすめられて
総合法令出版の(□ HP、□ Facebook、□ twitter)を見て
□ その他(　　　　　　　　　　)

■お買い求めいただいた動機は何ですか(複数回答も可)

□ この著者の作品が好きだから　□ 興味のあるテーマだったから
□ タイトルに惹かれて　□ 表紙に惹かれて　□ 帯の文章に惹かれて
□ その他(　　　　　　　　　　)

■この本について感想をお聞かせください

(表紙・本文デザイン、タイトル、価格、内容など)

(掲載される場合のペンネーム:　　　　　　　　　　)

■最近、お読みになった本で面白かったものは何ですか?

■最近気になっているテーマ・著者、ご意見があればお書きください

ご協力ありがとうございました。いただいたご感想を匿名で広告等に掲載させていただくことがございます。匿名での使用も希望されない場合はチェックをお願いします□
いただいた情報を、上記の小社の目的以外に使用することはありません。

郵便はがき

料金受取人払郵便

日本橋局
承認

7004

差出有効期間
2021年9月
29日まで

切手をお貼りになる
必要はございません。

103-8790

953

中央区日本橋小伝馬町15-18
ユニゾ小伝馬町ビル9階
総合法令出版株式会社 行

本書のご購入、ご愛読ありがとうございました。
今後の出版企画の参考とさせていただきますので、ぜひご意見をお聞かせください。

フリガナ お名前	性別 男・女	年齢 歳
ご住所 〒 TEL ( )		
ご職業 1.学生 2.会社員·公務員 3.会社·団体役員 4.教員 5.自営業 6.主婦 7.無職 8.その他( )		

メールアドレスを記載下さった方から、毎月5名様に書籍1冊プレゼント!

新刊やイベントの情報などをお知らせする場合に使用させていただきます。

※書籍プレゼントご希望の方は、下記にメールアドレスと希望ジャンルをご記入ください。書籍へのご応募は1度限り、発送にはお時間をいただく場合がございます。結果は発送をもってかえさせていただきます。

希望ジャンル：☐ 自己啓発 ☐ ビジネス ☐ スピリチュアル

E-MAILアドレス ※携帯電話のメールアドレスには対応しておりません。

パートナーシップを心得る

少子化と高齢化が進むこれからの時代には、よりたくさんの会社統合が進むであろう。それに備えてビジネスパーソンが心得ておくべきことの一つが**パートナーシップの意味合いを掴む**ことである。

自らの利益を分け与えられる人こそ、あなたのことを気遣ってくれている。自分の利益を人に分け与えてこそ友好関係、すなわちパートナーシップが保たれる。企業や組織の統合を進めるためにも、このコンセプトは重要である。

「まさかのときの友こそ真の友」

この名言の起源は、古代ギリシャとローマにあるという。国境や文化、時代を越えても友情というコンセプトは変わらない。友は、逆境にあるときに最もよく見出される。「調子の良いときの友」は、助けが必要なときにやって来てはくれない。

アメリカの初代大統領ジョージ・ワシントンも、同様に述べている。

「真のパートナーシップとは友情のようなものであり、友情とは、ゆっくり成長してゆく植物のようなものである。友情と呼ぶにふさわしいところまで成長するには、幾度も経験する危機にも耐えていかなければならない」

またアメリカの3代目大統領であるトーマス・ジェファーソンは「友情とはワインのようなものである。新しいうちは口当たりが良いが、年月を経て醸成されると、老いた人を元気付けるとともに、若返らせるのである」と説いた。

パートナーとしての友情を長くキープする秘訣は何か。答えは、夫婦の場合もそうであるように、相手のちょっとした欠点には、さりげなくアドバイスをしたり、時には片目をつぶったりすることである。それができない限り、友情は長続きしない。ビジネスとて同様である。

時間をマネジメントする

人生を豊かにするために

現代人に求められる重要な要素に「時間管理」がある。多忙な人ほど時間を有効活用している。「Time is life」。**時間を効率良く管理することで、人生を豊かにできる。**

アメリカ建国の父の1人、ベンジャミン・フランクリンは、「時間を浪費するな。人生は時間の積み重ねなのだから」と語った。スペインの無敵艦隊を破ったイギリス海軍のヒーロー、ホレーショ・ネルソン提督は、「勝利を収められたのは、常に目的地に15分前に到着できたからであった」と述べている。

ドラッカーは、「時間管理」とは文字通り、自分の時間が何に消費されているのかを知り、体系的に管理することであると述べた。つまり、時間は資源である。資源を効率的に使い、成果を上げよ、という意味でもある。
そのために、重要なポイントが五つある。

①時間（アポイントメントの日時や予定など）を記録する
②時間の使い方の優先順位を付ける
③必要のない仕事を切り捨てる
④他人に任せられる仕事を任せる
⑤大きなカタマリで時間を使えるようにする

また、時間管理の目的は、次のように要約できる。

①生産性を高める
②ストレスから身を守る
③仕事だけではなくプライベートな時間を持ち、ゆとりある生活を営む
④個人的な目標のために使う時間を確保する

ビジネスにおいては、時間管理が生産性の向上に直結する。多忙な人ほど時間の使い方がうまいといわれるが、彼らは時間管理の方法を知っている。

時間を上手に管理すれば、現代人が受けやすい多くのストレスから身を守ることができる。そのためには、バランス良く時間を使う生活習慣を試みることである。そうすることによって、仕事だけではなくプライベートな時間をバランスよく配分し、ゆとりある生活をエンジョイできる。

そして**自己成長のためには一人になれる時間をいかに豊富に持てるかがポイント**になる。その上で周囲の人びとの問題解決をサポートできれば最高である。

メールや会議で議論はするな

具体的な時間術を説くことが本書の目的ではないが、昨今《さっこん》の日本のビジネスシーンで特に多く見られる無駄な時間の使い方について、少しページを割《さ》きたい。

まずはメールである。「メールでは議論するな」といわれる。相手の顔の表情や、目の動き、身のこなしもわからず、誤解を生むことが多いからである。悪意はないことでも、悪く受け取られる場合もある。

これは時間管理とも深い関係がある。**話せば5分で済むことでも、メールでは長い時間を費やさなければならない。**

深い議論が必要な事柄ほど、対面、あるいは電話で話すべきである。電話のデメリットとして、ノンバーバル（非言語）コミュニケーションのうち、目配りも身振りも、色の効果も期待できないことがある。できるのは、声使いを変化させるだけである。相手が笑っているのか、悲しんでいるのかもわからないままに、即座に相手の反応を感じ取って対処するという、高度の技術を要する。

しかしそれだけに、上手な使い方もある。例えば電話で話す時間の長さを戦略的に決めることである。相手に「10分で決めましょう」と伝えることで、結論を引き出しやすくなる。こちらの反応が相手に伝わらないことで、相手が焦る気持ちを持つという効果も期待できる。そうしたメリットもあるからこそ、電話はいまだにビジネスの世界の血管になっているようである。


無駄な時間の使い方として、次に会議である。頻繁に会議のある組織は、職務の組み立て方や組織構成に問題がある場合が多い。**合議印に振り回され、多くの人が重要な時間を**

会議に奪われているような組織が多数存在する。

まずは、通例で開かれている会議が本当に必要なものかどうかを見極める必要がある。多くの人がいなければ決められない事柄というのは意外と少ない。

逆に会議の場の雰囲気が自由な発想や気軽な提案を阻むことがある。暗礁《あんしょう》に乗り上げた議題の解決の突破口は、非公式な場で見つかることも多い。会議室の机の上ではなく、廊下で立ち話をする中で、意外な解決法が見つかることもある。

あるいは、会議資料は当日ではなく、前もって参加者に配布し、事前に目を通してもらう、といった工夫も必要である。

仕事以外の時間を持て

先に触れたように、特に日本人には仕事以外の時間を持つ意識が大切である。仕事、家庭、友人、趣味、健康、それぞれにバランスの取れた生活が幸せの土台になる。

ところが、現代のビジネスパーソンの中には、自分の生活の相対立する要素をすべてコントロールすることは難しいと思っている人が多い。家族のために使う時間を十分に取ることも必要であるが、実際に行動に移すことは難しいと考える。

もちろん仕事に対して積極的であるのは良いことである。結果的に残業や休日出勤が増えたとしても、そこにやりがいを感じていれば辛くはないであろう。しかし**仕事を優先し過ぎると、次第にプレッシャーが増していく**。それに負け、個人の生活を満足させることから得られる楽しみを無視するような結果に陥る危険もある。

自分の時間を職場の仕事と余暇とにうまく工夫して振り分け、たまには遊ぶ時間を持つことも必要である。幸福な家庭生活を送ることがもたらす恩恵を実感していなければ、継続的に良い仕事はできないという人も多い。彼らはおしなべて優秀である。もちろん健康面や精神面をケアする時間も大事なのである。

ビジネスも経営も、すべて人と人とのつながりで成り立っている。1の人間としてバランスが取れているかどうかを常に自問することが重要である。

ハーバード経営大学院教授のD・クイン・ミルズは述べた。

「仕事の通貨はお金であるが、人間関係の通貨は時間である。二つを混同してはならない」

資産が十分にあっても、家族、友人、同僚との付き合いをおろそかにしていると、有意義な人生は送れない。**自分自身のバランスを失えば、ビジネスで成功することはできない**。バランスをうまく保ってこそ、ビジネスを堪能できるのである。

正しい「習慣」を身に付ける

ドラッカーは述べた。

「習慣は第2の天性といわれている。**成果を上げることは一つの習慣であり、実践的な能力の積み重ね**である。実践的な能力は習得できる。まったくと言っていいほど単純である。7歳の子どもでも理解できる、いたって簡単なことである」

人びとの日常生活は習慣の集まりである。時間管理の意義もここに集約される。われわれが朝起きてから夜寝るまでの行動のうち、50パーセントは習慣に基づいているといわれる。つまり、1日の中で半分はいつも同じことをしているのである。

先に触れたイチロー。メジャーリーグで大記録を打ち立てた。彼の練習、体力づくりのトレーニング、食事にいたるまで、ほとんどが習慣化されたものであったという。彼の力レー好きは有名なところである。

仕事や物事の成果の良し悪しは、日頃の習慣によって決まるということである。ドラッカーによれば、**成果を上げる能力があるとすれば、それは、先天的な才能ではなく、後天的な努力と習慣によるもの**であるという。「成果を上げるエグゼクティブに共通するものは、彼らの能力や存在を成果に結び付けるための習慣的な力である」と指摘する。

現代の組織社会において、習慣的に身に付けておくべき五つのことを、ドラッカーは示した。

① 時間を管理し、何に時間が取られているかをチェックすること

そうして戦略的・計画的に時間を処理する習慣を付ける。

② 外部の世界に対する貢献にフォーカスを当てること

自分に期待されている成果とは何かを考え行動する。社内や組織を通して社会に価値を提供する。他者の動きにもアンテナを張り、他者の貢献度も知る。これには同業のライバル企業も含む。外に出てライバル会社の実情、内情を把握すべきである。

③ 自分の強みを見定め活用し、アクションを起こすこと

自分のみならず上司や部下の強みや得意分野も知り、「持ちつ持たれつ」の関係を築き行動する。能力の向上には無駄な時間は使うべきではない。強みに集中すべきである。

④　**集中する能力を養うこと**

成すべきことから始める。つまり、優先順位を付け第1希望からスタートする。第2希望からスタートしてはならない。

⑤　**成果を上げる意思決定を行うこと**

反論や反対意見にも耳を傾ける。建設的な批判は受け止め、ベストな選択肢を選ぶ。

「何を習慣化するか」を明確に意識し、実際に習慣化することが大切である。**「どんな良き習慣を身に付けていますか」という問いが、人生の成果に直結している**のである。

本物のポジティブ思考を養う

アクションしなければ結果はわからない

現代人によく見られる弊害は「消極性」にある。最近の風潮を嘆く大人の口ぐせは、「そんなことをやっても駄目に決まっている」「そんなことをやっても無駄だ」である。立派な青写真を作成しても、行動に移す前に結果を予測して、少しでも困難や無理があると初めから放棄する人が多い。

ドラッカーによれば、実際的で行動型の人物は、「計画を練って決定をした以上は、後先を考えず速やかに行動に移す」という考えを持っている。

読者の方々の周囲に「そんなことは無理だ」と言う人物が多ければ多いほど、「しめた」と思うべきだ。**「よし、それなら、やるだけやってみる」という人物こそ、結果に最**

短でたどり着くことができる。そして同時に、人を引き寄せる人物でもある。

事実、物事はアクションを起こしてみなければ、結果はわからない。先の読めないままに動くことを口先で批判し、自らは何も決定しない人は、競争社会では敗北者になる。人生において、ここいちばんというときには、一歩踏み出す勇気も必要である。**考えるより、まず「アクション」が大事**なのである。

失敗・逆境を糧とする

「仕事を通して人的資源を生かす能力を養え」
「99回の失敗に1回の成功でいい」
「失敗を恐れるな」

これは、ドラッカーが注目した本田《ほんだ》宗一郎《そういちろう》の格言である。

「世界のホンダ」の創業者である本田は、まさに七転八起の人生を送った。車作りの逆境を乗り越え、自分の理想を成すまで、99パーセントは失敗の連続だった。しかし、宗一郎は失敗を失敗とは受け取らずに、「失敗は成功の土台を作る」という姿勢を貫いた。「失敗のない人生は歴史がないのと一緒だ」とポジティブに捉えていた。

ホンダ社は、F1レースで過去に実績を残している日本唯一の自動車会社と言える。特に、ホンダが開発したターボエンジンを搭載した車は、レースでは負けなしの記録であった。ところが、それを妬《ねた》んだ国際自動車連盟が1986年に、段階的なターボエンジンの使用禁止を決定する。

当時のホンダのチーム監督はその取り決めに猛反発をし、本田に直訴した。しかしそこで本田は、逆境を乗り越え新たな挑戦に立ち向かう決意を語った。

「ホンダだけではなく他社のターボエンジンも禁止されるのだから、条件は同じだ。われわれがターボに変わるエンジンを作ろうではないか」

問題や障害に直面したとき、自分の思い通りに事が運ばないと、**嘆いたり不満を持ったりして無駄な時間を過ごすのではなく、すぐにほかの方法を探す。これが本物のポジティブ思考**である。そしてポジティブ思考を拡大していくと、より新しい発想をしようとするメカニズムの力が強く働く。そこからイノベーションは生まれるのである。

勤勉の中にこそインスピレーションが生まれ、幸運は常に手の届く所で待っている。独力で道や活路を開こうと努力する人が、幸運を手中に収めることができる。自己訓練と克《こっ》己心《きしん》がその人物を前進させてくれる。

成功に必要なモットーは、「道なきところに道を切り開く」という意思と活力に基づいた目的と方向性だ。それらが揃い、あとは誠実に生きてさえいれば、豊かな人生が歩める。

人間にはさまざまな問題は付き物で、予期せぬことや悪いことが起こっても、その裏にはそれを補って余りある幸福が隠されている。努力すればいずれはうまくいく。**強い精神によって、目的を達成するのに必要なモノ、ヒト、情報、状況を引き寄せる力がわれわれには備わっているの**である。

第3章

新時代を生き抜く戦略

企業の在り方を捉え直す

何のために存在するのか

本章から、具体的なビジネスの手法を考えていきたい。大きくは、組織としての戦略、イノベーションを生み出す方法、ドラッカーの代名詞とも言える「マネジメント」について、そしてこれからの時代に求められる人材としてのリーダー像である。

それらを考える上で、最初に触れておかなければいけないことがある。それは「企業とは何のためにあるか」である。このことを考えずして、ビジネスを語ることはできない。

企業は社会の中の組織である。**その目的（ゴール）は社内ではなく社会にある。市場におけるマーケティングシェアの拡大、製品開発、顧客満足。つまり「顧客の創造」**である。

　これは単なる金儲けを意味しない。多くの顧客を創造するということは、それだけ世の中に貢献していることを意味する。ドラッカーによれば、すべての組織は、人びとと社会をより良いものにするために存在する。企業も社会を構成する一員である以上、社会に対して何らかの還元や貢献をする必要がある。

　ドラッカーは、これを「社会的責任」と呼んでいる。第2章で触れた「ノブレス・オブリージュ」である。企業として、いかなる社会目的に対処し、社会や地域、それに個人のニーズをどうやって満足させるのかを明らかにする必要がある。また、組織とは、個人の自己実現の手段とも言える。このことについては第5章で触れる。

　企業の在り方として、ここでも松下幸之助について触れたい。

『孤独な群集』や『大学革命』の著作で知られる社会学者デイヴィッド・リースマン。筆者が1992年にリースマン夫妻にお会いした際、同氏は「私達が日本政府の招待で日本に滞在したとき、いちばん会って話をしたかったのは、日本の政治家ではなく、松下幸之助氏でした」と語った。

　その理由を尋ねたところ、返ってきた理由が「松下氏の企業家精神に魅了されたから」であった。リースマンは、企業は何のために存在するのか、誰のために存続するのか、ということを、松下を通して改めて学んだという。

「企業は公のものであり、またその事業や活動は人様の役に立つこと。加えて社会の繁栄に貢献すること。組織や企業も絶えず業容や成果を発展させることは重要なことである。しかし、ひとりその組織や会社や機関だけが栄えるのではなく、その活動によって社会も社員も栄えていかねばならない」

こうした幸之助スピリットに感銘を受けたのである。

企業の目的を達成するための五つの段階

ドラッカーは、企業の目的（ゴール）を実現、達成するためには五つの段階があると提唱している。

①「ビジョン」を持ち、社員が共有すること

②そのビジョンに向けて企業としても個人としても「ミッション（使命）」を持つこと

③実際に行動し、達成するためのロードマップとなる「アクションプラン」を計画すること

④ そのアクションプランをベースに、各行程をクリアしていくための「戦略」を立てること
⑤ アクションの成果をモニタリング・評価して微調整を繰り返しながら、ゴールを目指すこと

ビジョン

まずは企業を取り巻く環境を分析し、「ビジョン」を構築する。**ビジョンとは目に見え、イメージ化できるコミットメント（到達目標）や構想のこと**である。例えばApple社の「テクノロジーを介して何百万人もの人の生活を変える」、Facebook社の「よりオープンにつながれた世界をつくり、シェアすることで、人びとに力を与えること」といったものである。

「100年に一度の危機」といわれた2008年の世界金融危機。金融機関やITなどの実体経済を崩壊させたばかりか住宅バブルまで作り上げ、その波は一般の人びとや企業は無論、国家まで飲み込んだ。

各企業や組織は、未曽有の危機から立ち直るため、皆がイメージできるビジョンを模索した。国はそれを金融政策として支援し、人びとはビジョンを共有して危機に立ち向かったのである。

ミッション

「ミッション」は、自らの意気込み、意識、それにコミットメントをもって、やり遂げる活動のことである。それには、「組織の存在理由とは何か」を問い、行動で示さなければならない。ミッションを実現するためには、明日のゴールと今日のアクションが不可欠である。ミッションを持っている人物にはオーラが感じ取れるという人もいる。

ドラッカーいわく「計画はミッションに始まる」。つまり、ミッションは計画の原動力である。ミッションには、勇気、分析力、経験、それに直感が重要な役割を果たす。ハウ・ツーで表せるものではない。

アクションプラン

ドラッカーは、**アクションプランとは、ゴール達成のためのロードマップ**であり、時には軌道修正も必要であると述べた。企業が到着点であるゴールにたどり着くには、実行し、成功しなければならない。資源となる予算を組むこともここに含まれる。

このアクションプランを実行するのに必要なのが「計画」である。ドラッカーは企業のあるべき計画について、下記の条件を指摘する。

①計画とは、ゴールまでの道のりをアクションプランへと書き換えるものであり、ゴールへのロードマップを示すものでなければならない

②計画に対する最大の間違えは、詳細を示す建築の設計図として捉えられていることである。それは計画とは言えない

③計画とは循環的なプロセスである。マネジメントに関わる者は、計画を策定し、修正をしながら学ぶ人物でなければならない

戦略

企業がゴールにたどり着くために、カギを握っているのが「戦略」である。ドラッカーは、ハーバード大学のアルフレッド・チャンドラーの言葉を用い、「組織や企業は戦略にしたがう」と力説する。

戦略を立てるためには、戦うための資源や人材を揃え、競争、競合相手との違いを見出し、強みを生かしているかいないかなど、自らの企業や組織や国家の置かれている位置をヘリコプターの操縦士のように上空から見極めることが必要だという。「木を見て森を見ない」組織や企業が多過ぎるということである。

企業には、短期的な利益より、中・長期計画を立て未来への成長を見据えた戦略が求められる。日本企業に求められる戦略の一例を挙げれば、アメリカなどの民主国家と手を組み、医療、環境分野・地球温暖化問題を解決する領域や、ほかのビジネス分野における共同開発、ジョイントプロジェクトを推進することである。これら基本戦略は抽象的であってはならない。

日本の政治家も企業家も、外に目を向けて大事業を成し遂げなくてはならない。国の人材と資源を集中させ、したたかな「知」をもとにすれば、より新しくより実力のある国へと変わることができるはずである。

２０１９年5月にアメリカの首都ワシントンにおいて、米国科学技術政策局のケルビン・ドログマイヤー局長と柴山昌彦《しばやままさひこ》文部科学大臣（当時）、平井卓也《ひらいたくや》内閣府特命担当大臣（当時）が会談をした。幸いなことに、ＡＩをリードするアメリカとの連携を求める日本と、最先端技術の国外流出を危惧《きぐ》し、研究パートナーを同盟国に集中したいアメリカとの思惑が一致する形となった。ＡＩの研究に関しては、カーネギーメロン大学などアメリカの五大学と理化学研究所が協定を結んでいる。

今後は、こうした協定を軸に日米間の研究者の交流機会を増やし、共同で研究開発や人材育成が図られるであろう。ドラッカーが生きていれば、より多くの日本企業が積極的なジョイント研究プロジェクトを推し進めることを提言することであろう。

成果のモニタリングと評価

成果の評価とは、アクションプランの帳簿であると考えればよい。**モニタリングを行い、**

うまくいく計画を強化し、うまくいかないものを修正すべきである。思わぬ成功があったとき、また、成果が上がらないときには、計画を軌道修正し、状況に応じて「スクラップ&ビルド」を行う。成果の評価には、後述のブレーンストーミングなどを行い、若手からベテランの意見に耳を傾け、ベストなものを選び、再度ゴールに向かい前進する。

自分の思考を疑う

常識に縛られない発想を培う

時代の流れはあまりにも速い。恐怖心すら覚えるほどだ。

21世紀の間に、これまでなくてはならなかった石油に価値はなくなるという。電話帳はこの世から消えていき、欠かせないビジネスツールであったファックスは消滅する。ワープロからパソコンへ、公衆電話からスマートフォンへの移行を、20年前の人びとは想像すらできなかった。

常日頃から時代と格闘技を繰り広げていても、気が付くと時代の流れに足を救われている。これがわれわれの現実だ。平成時代には、企業も時代の変化にうまく対応できなかった。特に電器メーカーの退潮が目立った。急激な円高の中、半導体から家庭電化製品まで抱え、自社のみで開発し生産する体制にこだわりすぎた。事業の「選択と集中」が進まず、韓国や中国の企業とのコスト競争に敗北した。加えて、企業の疲弊は人びとの雇用にも影響を及ぼす結果となっている。

海外を見れば確かな成功例が存在する。Apple社はスマートフォンに異文化を含む多くの他社製品と技術を組み込んで勝負に臨んだ。その結果は誰もが知る通りである。もし、ドラッカーが生存していたならば、「日本はデジタル分野で活力を取り戻す改革をすべし。インターネット上で膨大な情報が瞬時拡散する時代にも、国民の知的水準を維持し、穏当な世論の形成を促せ」と警告していたであろう。

ここから示唆《しさ》されるのは、**いままでの常識に縛られない発想法が必要**だということである。ただし、これは新しいテクノロジーや新分野にしかイノベーションの種はないということではない。

例えば飲食業。従来札幌ラーメンといえば、醤油味や塩味であった。ところがある日、スープが切れたところに客が暖簾《のれん》をくぐってラーメンを注文した。店主が仕方なく店にあった豚汁に麺を入れ、客に提供した。すると意外にも味噌味のスープと麺がユニークにマッチし、客もその味が大変気に入った。

こうして札幌名物の「味噌ラーメン」が誕生した。これもイノベーションが起こった瞬間である。

自由に考える習慣を

アメリカでは、幼い頃から個性と発想を伸ばす教育を受けている。例えば、自分の特技などを人前でお披露目《ひろめ》し、それについて語る「ショー&テル」というプレゼンテーションである。そのため子どもたちは聴衆の前でも柔軟に対応できるようになる。大学にはスピーチ・コミュニケーション学部があり、そこで学生たちは「説得術」、「弁論法」などに関連する科目を取得できる。政治家や企業家を目指す学生たちは、それらの科目を受講し、将来のキャリアを目指す。

また、作文を書かせる場合にはほかの人と違う発想ができるかが成績評価の基準になっている。アメリカの大学ではかつて、「自分の追悼《ついとう》文を書け」というサプライズクイズのようなテーマの小論文式入試もあった。

では日本ではどうか。

日本の授業では、生徒がスピーチスタイルで聴衆を説得するプレゼンテーションに重きが置かれていない。もちろん、日本の大学にスピーチ・コミュニケーション学部は存在しない。異文化のゲスト講師などから「あなたは日本の国の安全保障や防衛についてどう思うか」と聞かれても、皆似通った回答しか返せない。

また、作文における日本の評価基準では、文章がしっかり書けているか、漢字や用語が間違っていないかが重視される。ハーバード大学で日本文学と日本語講師を務めた板坂元《いたさかげん》は、ある講演で、「日本の国語教育では創造力豊かなクリエイティブ人材を育成できない」と指摘した。

現代のように創造性、独創性が求められている時代には、こうした教育のネガティブな点が如実《にょじつ》に表れてくる。日本では、創造性、独創性を持った人材を活用するシステムの開発が遅れているのが現状である。そのため企業は海外から講師を招くスタイルになり、コストもかかる。

日本人も、自由に考える習慣を付けなければならない。組織においても、個人においても、知的生活を築こうとするならば、従来の発想の枠を取り払う必要がある。

発想や創造性を伸ばす方法の一例として、ブレーンストーミングがある。例えば「我が社における欠点、改善すべき点があるとすれば何か。自由に述べよ」といったテーマを社内の参加者に与え、30分以内に１００以上のアイディアを出させる。それらをチョークボードに担当者が記載する。もちろんパソコンに打ち込んでプロジェクターで投影してもよい。

そうすることで、独創的で柔軟な、かつ型破りで思いもよらなかった数々のアイディアが出ることが期待される。これまで見えなかった問題点も浮き彫りになり、改善策も浮上し、問題が解決につながるのである。

独創性は訓練で養える

イノベーションや顧客創造のためには、独創的な考えが必要であるといわれる。実際に世界的な成功を収めている経営者の中には、他人には思いも付かないような発想の持ち主が多くいる。しかし、そういった人が、必ずしも生まれつき独創的な考えや性格を持っていたとは限らない。

先述の板坂元は、日本人と欧米人の独創性に関心を持っていた。同氏によれば、**独創的**

な考えやアイディアは訓練によって養うことができる。命題と答えを持ち、それをベースに考えてみるとよいという。

例えば、ジョークを使ってみるのもよい。ジョークは、決まったパターンやモデルで成り立っているものが多い。それを覚えてしまえばバリエーションも増える。ただ、即効性と意外性に慣れるには時間がかかるかもしれない。また、ジョークとダジャレは異なるので注意が必要である。

コミュニケーションは全人格的なものといわれている。教養、見識、技能と同様に適度のユーモア感覚も、総合的な人柄と自己を相手に伝える上で重要な要素の一つである。

ドラッカーに言わせれば、上司、部下、同僚、取引先など、いろいろな相手や状況の中で会話できる人には魅力がある。ビジネスにおいても付き合いが広く、良い仕事をしている。ビジネスには会話が付き物である。気軽に声を掛け、話し始めることである。

日本人はジョークやユーモアを返さないといわれるが、それは日本ではコミュニケーションの手段として、普段からジョークやユーモアを使わないからである。異文化の人びとに、日本人は真面目な「働きバチ」というイメージを持たれている。ドラッカーに言わせれば、これからの時代は、日本の経営者もビジネス関係者もユーモア感覚を身に付け、国際舞台でのビジネスや商談に備える必要がある。

ドラッカーの幼少時代、ドラッカー家によく出入りしていたジークムント・フロイトやその仲間たちは、**ジョークこそが人間の本質を表す**ものだという考えを持っていた。ジョークや、その人の全人格的なキャラクターを表すユーモアから生まれる笑いは、極めて知的なものである。

マックスウェル社のイノベーション

なぜ顧客が離れたのか

ここでは発想転換によるビジネス変革の好例として、一度はどん底に陥りながらカムバックを果たしたコーヒーメーカー、マックスウェル社の事例を紹介したい。

マックスウェル社がインスタントコーヒーの販売を始めたのは、1946年のことである。それ以前にも各社がインスタントコーヒーを売り出していたが、一般に流通するにはいたっていなかった。マックスウェルのコーヒーが販売されて以来、インスタントコーヒーは、世界中に普及した。マックスウェル社の売り上げは順調に上がり、役員はじめ会社関係者は「我が世の春」であったという。

ところがである。1960年頃からマックスウェル社は深刻な状況に陥った。突如、インスタントコーヒーが売れなくなったのである。アメリカ人は便利さを好むことで知られているが、必需品であったインスタントコーヒーに代わって、レギュラーコーヒーの需要が増えた。

マックスウェル社の幹部たちは、対応策を模索したが、有効な案は見出せなかった。広告の数と量を増やしても、効果は上がらない。もちろん味も良くしてみた。目隠しテストも試し、レギュラーコーヒーとの区別が付かない味に改善した。しかし、結果は変わらなかった。

次の戦略として値段を下げたが、これまた効果はなかった。第3の手段として、代理店へのリベートを増やし、代理店のやる気に期待したが、これも駄目であった。

彼らはそれまでの経営学のテキストに書かれていたことをすべて試みたのである。それでも売り上げは下がる一方。会社関係者は、悪夢を見ているようであった。**なぜ顧客は、おいしく、安く、手っ取り早く、そしてこれまで親しんでいた商品から離れていくのであろうか。**

救世主は心理学者

第4の手段として、未知の事態打開策のための原因探しが始まった。そこに救世主が現れた。それは経営コンサルタントではなく、なんと心理学者であった。当時のマックスウェル社の関係者全員が、藁《わら》にも縋《すが》る気持ちだったという。

心理学者は主婦を200人集め、100人ずつのグループに分けた。そして次のように説明した。

「あなたが買い物に出ようとしたら、隣の奥さんにバッタリ出会い、『ついでに私の分も買ってきて』と頼まれました。いまから、その奥さんに渡された買い物リストをお配りします。そのリストを見て、こういった買い物を頼んだ女性は、どんな人物であるか、どんなことでもいいので、印象を書いてください」

リストには「○○屋のパン」「△△印の粉ミルク」「トイレットペーパー」などと書かれている。特に変わったところはない。しかし、その中には一つの仕掛けがあった。一方のグループ（Aグループとする）に渡されたメモの中には、「マックスウェルのインスタントコーヒー大瓶1本」と記載されている。そして、もう一方のグループ（Bグループ）に配られたリストには、インスタントコーヒーの代わりに、「レギュラーコーヒー1ポンド」と記載されている。もちろん彼女たちには、このテストのスポンサーがマックスウェル社であるということは知らされていない。

心理学者は、参加者たちに書いてもらった印象を分析した。そして、二つのグループの実験結果に大きな違いがあることを発見した。レギュラーコーヒーがリストに入っていたBグループでは、百人百様の答えが書かれていたが、Aグループの答えの中には、一つだけ共通した要素があったのである。

それは、「こんな買い物を頼む女性は無精者《ぶしょうもの》だ」ということであった。

Aグループの主婦たちは、一様に「この女性は怠け者だ」と感じたのである。中には、「家族を愛していない」などと記載された回答もあった。

180度の大転換が招いた成功

心理学者は、この結果を包み隠さずマックスウェル社の幹部に提出した。

「これまで、インスタントコーヒーのイメージは良いものでした。手っ取り早く、便利で能率を重視するアメリカ人にはピッタリでした。したがってインスタントコーヒーはこれだけ普及し、インスタントを使用することが人びとの美徳になっていました。しかし、いまは違います。インスタントコーヒーは悪徳というイメージになってしまっています。つまり、手抜きの象徴になっているのです。インスタントは、愛情の敵というイメージになりました。したがって、マックスウェルのコーヒーは便利だと宣伝すればするほど、イメージが悪くなり、売れなくなるのは当然です」

マックスウェル社のそれまでのコマーシャルは、「能率的」というイメージを強烈に打ち出すものであった。

朝一番に若い男性がベッドからパッと起き上がり、「さあ、これから会社に行かなくちゃ」とつぶやく。そこへ若妻が、「ハイ、あなた」と差し出すのが、パンとマックスウェルのコーヒーである。夫はそれをグイと飲んで会社に向かう。「さあ、あなたもマックスウェルコーヒーで能率的な奥さんに」というイメージで売り込んでいたのである。

初期はその手法で成功していたが、時代が変わった。いつしか「良い奥さん」とは、手間暇かけて家族の世話をする女性のことを指すようになっていた。そのため、マックスウェルのコーヒーは「手抜きの悪妻」の象徴になってしまっていた。

心理学者の話を聞いたマックスウェル社の幹部たちは、ただちにコマーシャルを方向転換させた。「能率的」を表現するスポーティなイメージの男性に代わって登場したのが、名俳優のチャールズ・ブロンソンであった。渋さを売り物にする俳優が、真っ暗な部屋の中にドッシリと座り込んだ姿が映し出され、その脇にコピーが添えられている。「最高の品質　マックスウェルコーヒー」。そして男はバリトンボイスで「私は移民の子だった」と静かに語り始める。

現代でも使用されているイメージ広告のはしりである。インスタントコーヒーが持っている「時間短縮」というイメージを変えるために、歴史の重みを使おうとする試みである。アメリカは移民の国であり、テレビに写る男も視聴者と同じく、移民の同胞者であり共通の価値観を共有する仲間である。同じコーヒーを愛飲し、人生を過ごしているというイメージも非言語的に強調されている。

結果、マックスウェルのインスタントコーヒーは、再度市場で売れるようになった。マックスウェル社は**１８０度の大転換を試み、マーケティング戦略としてイノベーションを決意し、実行した。**これまで、どこの経営者も行わなかったことを試みた。まさに常識を覆す戦法が引き寄せた成功物語である。

変化を受け止めチャンスに変える

リスクを取らずにイノベーションは生まれない

ドラッカーいわく、**経営者に必要な素養の一つが「現状に甘んじないこと」**である。多くの人びとは、現状維持を選択し、安全策を取りがちである。しかし、リスクを取らずにイノベーションは生まれない。イノベーションを目指すのであれば、リスクを取って組織や社会を動かす必要がある。イノベーションとは改革や改善ではなく、リスクを伴う冒険の一種なのである。

ドラッカーは、**「変化を脅威と受け止めずに、むしろチャンスとして捉え**、問題より、機会にフォーカスを当てよ」と提言している。

ここでは対照的な事例として、日米の企業について述べる。

アメリカのテレビメーカーにゼニス・エレクトロニクス社という企業があった。カラーテレビの発祥はアメリカである。しかしソニーのトリニトロン・テレビなど日本製の高品質な商品が販売されるようになると、消費者も旧態依然のゼニスのテレビより斬新な日本製を選ぶようになった。

ゼニス・エレクトロニクス社は、自社のイノベーションや新製品の研究開発をするというミッションを持たなかった。自らの努力で日本製品を上回る商品を生み出そうとはしなかったのである。結果、かつてアメリカ2大テレビメーカーとして名声を博した企業のテレビ部門は、韓国企業の傘下に入ることになる。

次に、日本のビール会社大手を例に取る。

最近、各社が主力商品を刷新したり販売を強化したりしている。2020年からビールに課される酒税が段階的に下がり、発泡酒や第3のビールとの格差が縮まることを好機と見ているからである。

キリンビールは、「一番搾り」を2年ぶりに刷新した。原料のホップの配合比率を変えて、クリアな麦のうまみが感じられる味わいを追求したという。同商品は1990年の発売以来、味を見直すのは4回目となる。

アサヒビールも「スーパードライ」の鮮度の高さをアピールし、マーケティングでの売り込みにテコ入れをする。

サッポロビールは、「泡」に勝負をかける。「黒ラベル」の製法を見直し、白いスパーク・ビューティーの泡を実現させた。

サントリーは、「プレミアム・モルツ」を「神泡」と称し、注ぎ方次第で豊かな泡の味を楽しめることをセールスポイントとしている。

一般的なイメージでは、これらは王道の、変化させる必要がない看板商品に思える。しかし、各社とも時代と顧客の求めるニーズと味覚に対して、新戦略を考案し、挑戦を続けている。

ドラッカーは指摘する。

「**いま売れている商品が明日も売れるという保証はない**。企業は常に、絶えず明日を担う商品や製品を生産しなければならない」

ヒントは現場に隠されている

ドラッカーは、いかなる場合でも、自社の製品やサービスを見直し、持続的に分析をする必要があるという。社内で仕事をしているだけでは、それはわからない。いわゆる「三現」、**現実・現場・現品についてウォッチングとモニタリングを行わなければならない。**

「企業風土は現場にあり」という信念を持って企業を成長させた人物がいる。ＩＢＭ社の2代目社長であるトーマス・Ｊ・ワトソン・ジュニアと、ＨＰ（ヒューレット・パッカード）社の共同創業者であるウィリアム・ヒューレット、デビッド・パッカードである。彼らは、現場である工場を歩き回ったことでとても有名な起業家である。

「現場を歩き回る経営」は、経営関係者が、社内外の実情、課題や問題点をリアルタイムで把握できるという利点がある。現場の人と対話でき、アドバイスを与えることもできるのでメリットが多い。

ウォッチングやモニタリングでは、**自社だけでなく、取引先で起こっている事態にも注**

意する必要があるようだ。

マクドナルド社のビジネスは、顧客の成功に注目したことがきっかけとなり、驚異的な成功を収めた。

レイ・クロックはマクドナルド社の創業前、ハンバーガー店にミルクセーキ用のミキサーを販売する仕事をしていた。ある日、はるか遠く、カリフォルニアにある小さなハンバーガーチェーン店が、その場所や店のサイズにしては不釣り合いなほど多くのミキサーを買ってくれていることに気づいた。

よく調査をしてみると、そのチェーン店がとても合理的な経営をしていることがわかった。その後、クロックはチェーン店を買収し、そのノウハウを参考に「マクドナルド・ハンバーガー」ビジネスを拡大した。この成功をもとに、5億ドルの富を築くことになる。ドラッカーの説くように、外部にも眼を向け、現場を見て経験を積んだことが成功につながった事例である。

自らの組織の現場、そしてライバル会社の成功や失敗にも目を向け、注意を払う必要がある。分析するだけでは不十分である。**自らの足で出向き、自らの目で調査することでしか見えないものが存在する。**

女性を生かす組織づくり

女性は合理性を第一に考える

経営コンサルタントの小林克巳《こばやしかつみ》は、ある講演会で「女性は男性より直感力に秀でている。女性を感情の動物と言う人は、女性を理解していない」と述べたことがある。

近年、日本において女性管理職の数が増えてはいるものの、他方では女性に対するパワハラ問題が新聞紙上や他のメディアでも話題となっている。

男性は女性に比べ物事の判断が正確にできていないことが多々ある。理由は、あらゆることを利害や仕事に結び付けて考えがちだからである。相手に多少の欠点があったり本能的に気に入らなかったりしても、損得のために片目をつぶり、我慢する傾向が強い。

一方で女性は本能的に、イヤなものはイヤ、嫌いなものは嫌いと判断しがちである。しかしである。実のところ女性は合理性を第一に考える。

女性は、感情的には容赦できなくても、我慢して付き合おうといった中途半端なことはできない。相手を上手にあしらって利益を得ることより、自分の感情を優先させる。そこには、極めて直截《ちょくせつ》的な選択が働く。相手をどうこうするより、自分本位だからである。そして大抵の場合女性の直感は鋭く、その判断は適切なものになる。

第1章で述べた通り、ドラッカーの経営思想の根本にあるのは、2人の女性教師との出会いである。ドラッカーは、**女性を尊敬できる管理職は、現実の生活面における裏付け、言い換えれば、他人に勝る実力と余裕がある人物でなければならない**ことを示唆している。

女性のセンスと発想を尊重する

アメリカの経営大学院に、女子学生を最初に入学させた人物はドラッカーである。1950年代から60年代に、ニューヨーク大学で教鞭を執っていた頃だ。大半の教授は難色を示したが、ドラッカーは行動に出た。

世界で最古のビジネススクールを創立したハーバード経営大学院でさえ、女子学生を受け入れたのはその20年後のことである。ドラッカーは、企業の財務部門において、女性が最高責任者になることを予知した人物でもある。

現代に目を転じてみる。経営学者の米倉誠一郎《よねくらせいいちろう》によれば、インターネットという媒体を使用し、女性の力を最大限に生かしている企業の一つが「イー・ウーマン社である。代表取締役を務める佐々木《ささき》かをりをはじめ、数多くの女性が活躍している。

同社のサイト「ewoman」は若手女性をターゲットにしており、活気に満ち溢れている。食や健康、美容といった身近な話題から、政治、経済、仕事などの情報が満喫されている。会員は投稿もできるシステムで、コミュニティの場としても活用されているようだ。

また情報サービスのトレンダーズ社は、20歳から34歳の女性、いわゆる「F１層」をターゲットにした情報ビジネスを展開している。女性社長の経沢香保子《つねざわかほこ》は、リクルートから楽天に転職し、その後、同社を設立し女性管理職となった人物である。

２０１４年に開催された、女性が輝く社会に向けた国際シンポジウム「World Assembly for Women（WAW!）」では、以下のように提唱されている。

① 経営トップがコミットする

目標を明確に、アクションプランを実行し、アカウンタビリティ（信頼度）を高める。
これをサポートする女性活動推進法案の制定を支持する。

② 両立支援策を拡充する

女性が働きやすくなるよう、また、子育てや介護を行っている家族により多くの選択肢を与えるために、ホームケアの活用を促進する。

日本の企業もこれらに学び、**女性を生かす組織づくりに着手しなくてはならない。**

顧客は何を買うのか

「ソニー社」対「ブローバ社」

ソニー社がトランジスタ・ラジオを売り出した当時（このときの社名は東京通信工業）、社内にトランジスタ・ラジオを量産化する技術は確立していなかった。そもそもトランジスタという小型の部品をラジオに使用すること自体、業界では不可能と思われていた。しかし、ソニー社の盛田昭夫《もりたあきお》らは、あきらめなかった。結果、トランジスタ式ラジオは世界中で売れた。

ソニー社が1959年に生産したトランジスタ・ラジオは、ポータブルかつ実用的で、盛田は自信を持ってニューヨークに向かった。ニューヨークに20以上もあるラジオ放送局の中から、家族それぞれが自分の好きな番組を聞くことができる。これが小型ラジオのセールスポイントだと考えていた。

当時のアメリカの経済は好景気で、生活が安定していたアメリカの国民は、進歩的で新しい物を求めていた。しかし、小売店舗側の反応は鈍かった。アメリカ人は大型ラジオが欲しいのであった。小型のラジオなどは無用と考えていた。

その盛田のもとに、あるときアメリカのブローバ社から「ソニーのトランジスタ・ラジオにブローバ社の商標を付けるなら10万個発注する」という申し入れがあった。

日本の本社からの盛田への指示は、当然「注文を取れ」であった。しかし盛田は、その交渉には乗らなかった。盛田は自社に誇りを持っていた。他社の下請け会社になるつもりは毛頭なかった。**盛田の最大の関心事は、ソニーの製品を「SONY」のブランドで売り、その名を世界に知らしめること**であった。

その後、150のチェーンを持つ別の会社からSONYの商標での大量注文の商談があった。5000、1万、5万、10万個の見積書の提出が求められた。しかし、当時のソニー社には年間10万個の生産能力はなかった。従業員を新規で雇い、新たなトレーニングをしなければならなかったし、それには莫大な設備投資が必要であった。生産能力を増やしても、翌年同様の注文が入らなければ、倒産に追い込まれることになる。

盛田は考え抜いた末、１万個の注文に最大の割引率を充てた。盛田にとっては、10万個より１万個のほうがベストな交渉契約だったのである。相手会社に率直に事情を説明すると、交渉者は笑顔で納得し、１万個を注文してくれた。

その後、カラーテレビが開発されていた１９７０年頃、先に触れたように、ソニー社は鮮明な色を映し出すトリニトロン・テレビを開発した。アメリカのテレビメーカーは、アメリカで発明されたものではないことを理由に、トリニトロンの利用には踏み切らなかった。その間隙《かんげき》を突いて最初にトリニトロンのライセンスを取得したのが、日本の企業、ソニーであった。

顧客創造のコンセプト

ドラッカーは、顧客創造には、市場調査であるマーケティングとイノベーションが必要であるという。**顧客が何を求めているのか、何を買いたがっているのかを調査し、それに合わせてより優れた商品やサービスを提供すること**である。

ソニー社の盛田は、この「顧客創造」のコンセプトの意味を理解していた。また、これは松下電器社長であった松下幸之助のビジネスに対する考え方と類似するものがある。

松下はこのように述べている。

「人間生活の向上のために役立つ物資を、誰しもが求めている。だから、その物資が役に立つ良いものであって、手に入れることのできる値段であれば、これはもう人情としてそこに需要があるとも言えるのではあるまいか」

盛田も松下も、国内市場だけで販売が行き詰まった場合には、会社の存続が難しいと考えた。そして海外における市場販売を目指し「世界のソニー」、「世界の松下」という目標設定を行ったのである。

松下は回想する。

「松下電器が貿易をやろうということを決意したのは戦前からのことである。海外発展をやろうということになったのは、昭和30年代に入ってからである。国際競争に勝たなければ、日本の企業は非常に衰微《すいび》する。いまは、競争といっても、日本の同業メーカーと競争しているが、今後は世界の同業メーカーと競争しなければならないことになる。そのときにひとたまりもなく負けてしまうということではいけない。そのためには、工場の設備をさらに改善し、オートメーション化するものはオートメーション化し、能率をウンと上げて、海外に覇を唱えるというか、海外との競争に打ち勝つようにしなければならない」

第4章

「マネジメント」を捉え直す

組織に成果を上げさせる者

マネジャーなしに経営は成功しない

世界で初めて自動車の大量生産を実現した、アメリカのフォード社。その創始者ヘンリー・フォードは、マネジャーを置かず会社を経営しようとした。企業に必要なのは、オーナー兼起業家だけであると考えた。言い換えれば、「ワンマン社長」である。さらにマネジメント、つまり他人を管理しようとしたり、教育しようとしたり、あるいはそれらを求めた従業員は、いかに優秀であっても解雇、左遷した。

これは彼にとっての一つの賭けであり、実験でもあった。莫大な財力と寿命にも恵まれていたため、そのような賭けに近い実験ができたのである。

結果、うまくいかなかった。彼が失敗したのは、その性格や気質に原因があると言うよりは、**「マネジメントを機能や戦略とみなし、責任に根ざすものとして受け入れる」**ということをしなかったからである。

フォードは、企業とは大量生産を通し、利益を生み出すことを目的にすべきだと考えていた。これは利益追求主義と言える。ドラッカーの考えでは、**利益がなくては企業も組織も存続できない。かといって利益追求のために企業が存在するのではない。**

2008年、リーマン・ブラザーズの経営破綻をきっかけに世界的な金融危機が起きた。すべての金融機能がマネジメントできなくなったのである。改めてドラッカーのコンセプトが重要視され、短気的な利潤ばかりを追求しない経営の大切さが叫ばれている。

フォードが経営に失敗したとはいえ、フォード社は現在でも世界有数の自動車メーカーである。会社を再建したのは孫のヘンリー・フォード2世。わずか28歳での社長就任である。フォード2世は祖父の側近を追放して、新しいトップマネジメントチームを構成し、会社を救済した。

フォード2世は、ドラッカーの説くマネジメントサイエンスを取り入れたと言える。マネジメントサイエンスは次の四つの柱で成り立っている。

①「何が問題なのか」に対して、仮説を立て検証する
②「何が正しいか」を問い、問題を明らかにする
③一つの答えだけでなく、複数の選択肢を出す
④問題に対する公式ではなく、解決するために必要な選択肢などに理解を集中させる

マネジャーなしには、組織の存続は難しい。そしてドラッカーは、事あるごとに、日本にとって必要なのは、若手マネジャーであると述べていた。

マネジメントとは何か

「マネジメント」を日本語に直訳すると、「管理」になるが、ドラッカーの説くマネジメントは、その訳とは異なる。「マネジメントとは、端的に言えば、資源や人材を生かし、組織に成果を上げさせるもの」であるという。

マネジメントの在り方を要約すれば以下のようになる。

①　**マネジメントは人間学である**

マネジメントは良かれ悪しかれ人間学であり、社会とコミュニティに関係する。その機能は、人が共に成果を上げることである。マネジメントを行う者は、心理学、哲学、経済学、歴史学、倫理学、物理学などの社会科学、さらに人文科学、自然科学など広い分野の知識と洞察力を身に付けなければならない。

②　**マネジメントは文化である**

マネジメントの手法は国の文化と伝統、歴史によって異なる。国と文化に深い関わり合いがある。しかし、果たす目的は同じである。日本式マネジメントがアメリカや他国でも受け入れられる場合がある。

③　**マネジメントの機能は、医学に例えれば身体の器官のようなものである。**

企業の器官であるマネジメントの機能は、「事業のマネジメント（企業の方針・特徴・強み）」「管理者のマネジメント（ヒト・モノ・財政・時間の配分）」「ヒトと業務のマネジメント（適正な人事・士気感）」の三つである。

④ **マネジメントは実践である**

組織がその成員に対し、共通のゴールと価値観とミッションを持たせることが要求される。マネジメントは組織の成員を成長させなければならない。そのためには、学習、訓練、啓発の仕組みを確立する必要がある。

⑤ **マネジメントはコミュニケーションである**

組織には、さまざまな技術と知識を持ち、多種多様の仕事をしている人たちがいる。対人コミュニケーションと、各個人が責任を自覚するという姿勢が確立しなければ組織は動かない。

⑥ **マネジメントは成果である**

組織とそのマネジメントにおいて、成果の尺度は生産量や利益だけではない。マーケティング、イノベーション、生産性、人材育成、財務状況のすべてが、組織の成果にとって、さらに組織の存続にとって必要である。最も重要なことは、組織にとって成果とは、常に組織の外にあるということである。企業にとっての成果は顧客の満足であり、病院にとっての成果は患者の治癒であり、学校にとっての成果は生徒や学生が何かを学び、10年後にそれを使うことである。

マネジャーたる者は、これらの基本的な考え方を理解し、その理解に基づいてマネジメントしなければならない。その結果、初めてマネジメントは成果を上げることができる。

マネジメントといえば、お金儲けのために会社をいかに運営していくかの方法論と受け取られがちであるが、**マネジメントの原点は、いかにすれば、会社と顧客が幸せになるかという互恵型の成果を目指すところにある。**

ドラッカーによれば、マネジメントは経済発展の結果生まれた。マネジメントは文化であり、価値観と信条の体系でもあるという。いまやマネジメントは一国の文化、法律、主権に限定されることなく、多国籍的に実践されるものになりつつある。マネジメントは世界経済にとって正真正銘の基幹の一つ、いや唯一の基幹となりつつある。

マネジャーに求められる資質

ドラッカーは、マネジャーの定義について、次の寓話を例に紹介する。

3人の石切に尋ねる。

「あなたはいま、何をやっているのですか」

1人目は「私は生活費を稼いでいます」と答えた。

2人目は「私は国中でいちばんの石切の仕事をしています」と答えた。

3人目は「私は大聖堂を建てています」と答えた。


無論、仕事の成果に対して責任を持つマネジャーにふさわしいのは3人目である。マネジャーは、「組織や団体の成果について、責任を持って物事を決定し、実行する人物」のことである。また、物事や組織の1セクションだけではなく、経営者のように組織の全体像をマクロ的にも見据える能力が必要となる。**足元のセクションや部署だけ見ていては、組織の全体像は見えない。**

また、マネジャーに求められる資質といえば、オーケストラの指揮者のように楽団（組織）のメンバーを束ね、一つにまとめる力量である。対人コミュニケーション能力、困っている人がいれば相談に乗れる才能、加えて組織を全方位から見据えることのできる視野や能力を求められる。

ただし、これは実務上のマネジャーに限らない。ドラッカーは、**組織で働いている各自**

は、マネジャーの視点で会社、組織、工場を観ることが必要だと指摘する。そうすることによって初めて、自分の勤め先において、自分が担当する部分や仕事を観ることができる。

ここでいう「観る」とは、ヘリコプターのように、組織を上から観察することである。情報を得たり研修を受けたりすることとは異なる。また、組織の職場や工場などを見学したりするのとも違う。個々の仕事や作業に携わり、その仕事や作業を通じて全体を眺め、実体験することが求められるのである。

マネジメントの実践

まず必要なのは「セルフマネジメント」

時代が変わるとマネジメントの仕事も変わる。非生産的になったもの、不適切になったものは廃棄しなければいけない。

これからはイノベーションがマネジメントの仕事となる。**マネジメントという仕事の目的が、新たな知恵や変革を生み出し、イノベーションを起こすことになる**のである。

そのためには古い制度、仕組み、やり方を変えなければいけない。どのオフィスにもパソコンが普及し、インターネットでの情報収集やメールでの連絡が当たり前になっている現代。電話やＦＡＸだけでビジネスをしていては、イノベーションなど望めるはずもない。

職場の成員に成果を上げさせ、**仕事を生産的にするためには、社会の変化を読み取り、マ**

ネジメントを対応させていかなければならないのである。

既存の企業においてイノベーションを生み出す人たちは、日常のマネジメントでも能力を証明している。二刀流剣士のごとく、イノベーションを起こしつつ、既存のプロジェクトのマネジメントをこなせる人が存在する。

そうなるためにまず必要なのが、第2章でも触れた「セルフマネジメント」である。ナポレオン、レオナルド・ダ・ヴィンチ、モーツァルトなどの偉人たちは、自らをマネジメントすることで、偉大な業績を上げることができた。

自分の所属する組織を社会に貢献させるためには、次の三つの役割が求められる。

①　自分の所属している組織の目的とミッションを果たす
②　仕事を生産的なものにするために、組織内の人たちに成果を上げさせる
③　自らが社会に与える影響を処理すると同時に、社会的な貢献を行う

「セルフマネジメント」に必要なのは、自分の強み、仕事のやり方、価値観などを知ることである。それによって、どこで、どんな仕事をすることができ、何を得られるかがわかる。先述のイチローの例を思い出してほしい。

そしてさらに一歩進んで、自分が果たすべき貢献とは何かと問わなければならない。ドラッカーは、「人は自らの果たすべき貢献は何かという問いから始める瞬間に、人は初めて自由となる」と指摘する。

自らの貢献の内容を選び出すには、次の三つをイメージせよという。

① 現在の状況が求めているものは何か
② 自分の強みや価値観に基づくものは何か
③ そこから生まれた成果が組織に対して持つ意味とは何か

これらをイメージするためには、自分の部下、同僚、上司の得意とするもの、強みも知らなければならない。それらを参考にして自分をマネジメントする方法を見つけることができる。時に「人のふり見て、我がふり直せ」ということもあるが。

行動をもって人を誘導する

ドラッカーによれば、マネジャーの役割とは、行動をもって、人を成果に向けて誘導することである。そのために人の強みを見つけ、合理的に、かつ効果的に生かし、弱みなどは介入させないことである。

マネジャーの仕事とは何か。ドラッカーは以下の五つを提案する。

①ゴールを設定する。ビジョンに向かって関係者が円滑な対人コミュニケーションをもとに、お互いがすべきことを行える環境をつくる
②組織化を図る。活動範囲、決定、関係を分析し、仕事の役割を分類する
③チームをつくり、動機付けを行う。
④評価を実施する。組織全体の成果と自らの成果の評価について尺度を設ける
⑤自分も含め人材を育成する

ドラッカーの提案は、統計数学者であったW・エドワーズ・デミングの「PDCAモデル」を参考にするとわかりやすい。ビジョン、ミッションをもとにプランを立て始動し、その結果を評価し、改善、実行を繰り返しながらゴールに向かうのである。

問題は、実際の組織で行われているほとんどのマネジメントにおいて、あらゆる資源のうち人が最も活用されず、その潜在能力さえも開発されていないことにある。人のマネジメントに関するアプローチの多くが、人を資源や資産ではなく問題、雑用、費用または脅威として扱っている。

ニューヨーク大学のマイケル・シフは提案した。

「人を資産として財務諸表に計上すべきである」

人を成果に向けて誘導するマネージャーの役割

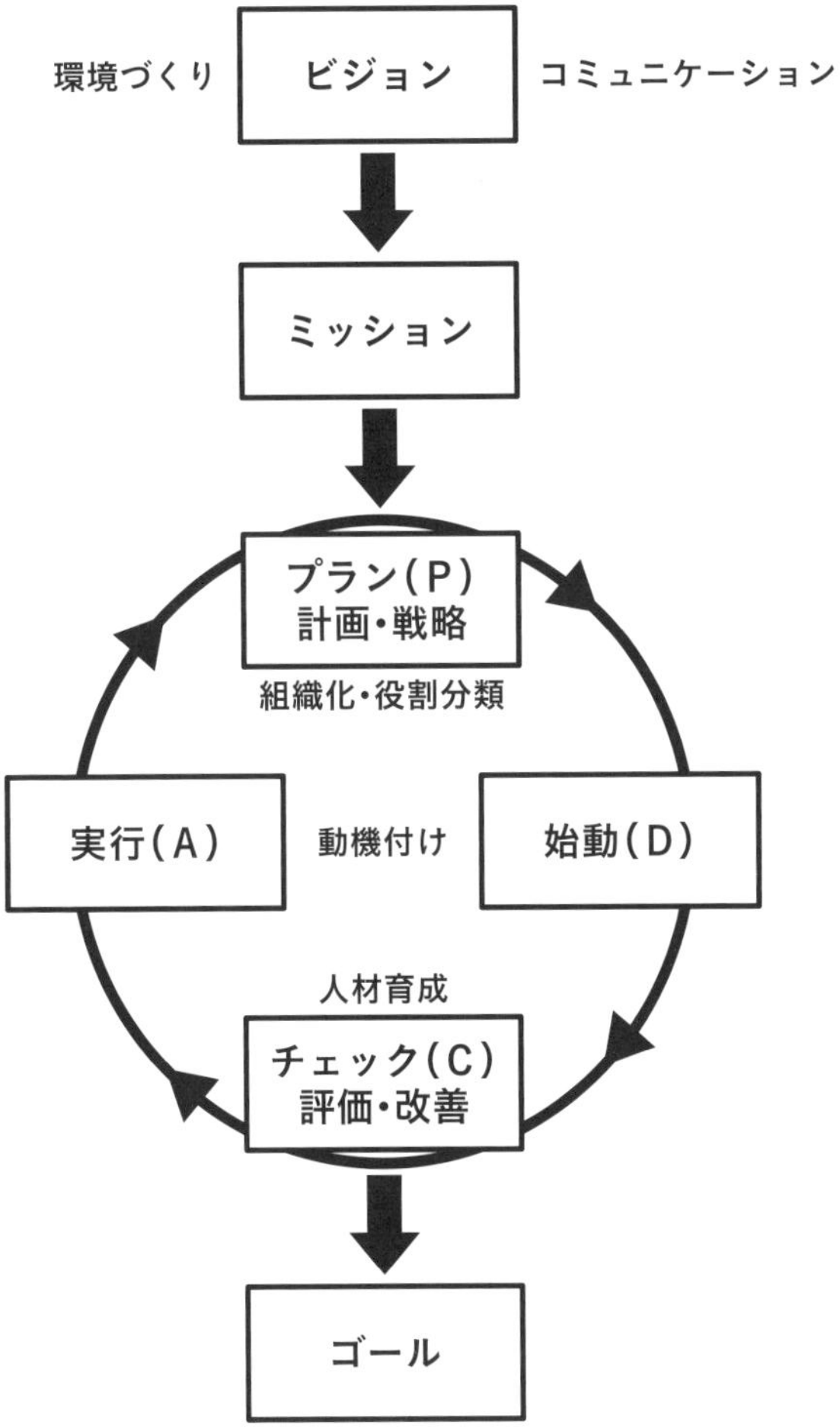

※著者作成

マネジャーの適性

人間の二つの性格を知る

アメリカの哲学者であり心理学者でもあるウィリアム・ジェームズは、人間には基本的に二つの性格があるという。

一つ目は「人生一回型」と呼ばれ、生まれたときに与えられた人生を、そのまま肯定して生きるタイプである。素直に生き方を定め、程度の差は多少あっても、生まれついて以来、比較的に穏やかな経緯をたどって生きる人たちである。

二つ目は「人生二回型」と呼ばれ、生まれつきの人生をそのまま受け入れず、自分の努力で変えていくタイプである。「人生一回型」のような時間は過ごしていない。彼らは、秩序や安定を獲得するために、絶え間ない奮闘と努力を続ける。物事を安易に容認することができない。また、このような性格の人たちは皆、一風変わった世界観や価値観を持っている。

「人生一回型」タイプの人びとは自己の存在の意味を、家庭的なくつろぎや安らぎ、環境への調和感のようなものに見出す。それらを自分の態度や行動の指針にしている。これに対し、「人生二回型」のタイプの人は、自分が周囲から分離、あるいは独立しているという感情から、「自分とは何か」を見つめ直す。

ジェームズによれば、マネジャーや経営者が、自分の人生においてどんな投資をすべきかという問いに対して、自分が環境に従属している（人生一回型）か、分離、独立している（人生二回型）かを見分けることが、一種のバロメーターになるという。

マネジャーには「人生一回型」のタイプが向いていると言える。

彼らはこう考える。

自分自身は組織内における秩序の保護者であり、規制する人物でもある。秩序によって、自分が個人として全体との一体感を保ち、また秩序のお陰で報酬を受けることができる。そして組織の体制を維持し継続させ、強化させることは、自己価値を高めることにもなる。

言い換えれば、あらゆる義務と責任の在り方を心の中で調和させ、束ねて一つの役割や任務を果たすことによって、物事を達成している。

ジェームズはこのような心の中の調和を取り上げ、ごく自然に外部にほとばしり、容易に外部から流れ込んでくるような自己の在り方を、一回切りの人生、すなわち「人生一回型」タイプの人と定義したのである。

第5章ではリーダーについて取り上げるが、**リーダーは「人生二回型」タイプの性格に近くなる。**リーダーとして働くうちに、自分を取り巻く環境から分離、独立していると考えるようになる傾向がある。リーダーは、組織内で活動をしているが、組織に従属しようとしないのである。

誠実さを体現する

ドラッカーは、マネジャーの採用に当たっては、何よりも「誠実な人格」を持つ人物を探さなければならないという。加えて、人の長所ではなく短所ばかりに目を向ける人物は、マネジャーに昇格させるべきではないと説いている。

ドラッカーの言う誠実な人格とは、他人の可能性に注目し、その限界にも寛大に対処できる、社会的な誠実さを意味している。

ドラッカーが好んで使う言葉がある。


「マネジメントとは、物事を正しく行うことである」


誠実さは表面には出ない場合が多いが、他人の目には驚くほど明らかだ。誠実さを持つ人物が尊敬を集める。

ただし、これは単純に人間性だけを表しているのではない。誠実さを体現できる能力もなければいけないということである。

マネジャーには意思決定能力が求められる。プレーヤーとしては優秀でも、マネジャーになった途端《とたん》に挫折する人もいる。意思決定の必要性は十分承知していても、意思決定はできないという例が往々にしてある。

キーワードは「適材適所」

それぞれに合ったマネジメント

知的労働者の生産性向上のカギを握るのが、成すべきことへの集中である。自分の強みを生かせる場所で働き、短所はなるべく介入させないようにしなければならない。

誠実なマネジメントのキーワードは「適材適所」である。ドラッカーは、**一律的なやり方でマネジメントする時代は終わった**と言う。一人ひとりに合ったやり方でマネジメントしなければならない。

仕事を通して働く人たちをいかに生かすかということを日頃から念頭に置き、人を大切にしながら業績を上げることである。ドラッカーは**ほとんどの企業や組織では「人こそ宝」というスローガンを公言しているが、それを実践している組織はゼロに近い**と指摘している。

ドラッカーは働く人たちに生きがいを持たせる環境づくりには、次の三つがカギを握っていると言う。

① **働く人が真に求めている仕事を与える**
② **成果・結果に関するフィードバック（情報）を与える**
③ **継続して学べる環境を与える**

これらの三つの要素は、働く人たちが自らの仕事、組織、成果に関して責任を持つための柱となる。これこそがマネジメントの責任であるとともに課題でもある。**企業は、単に人びとに仕事を与えるだけでは、役割を果たしたことにはならない。**

適材適所の組織づくりは、実際には難しいようである。特に昇進人事は失敗例のほうが多いという。その典型が優秀なセールスマンの営業部長への昇格である。営業部長にもさまざまなタイプがある。自身がスーパー営業マンの場合もあれば、マーケティングや商品担当でのリーダーシップを求められる場合もある。問題は、必要な営業部長像が、これらのどれなのかを誰も考えていないことである。周囲はもちろん、本人も考えていない。そうすると、昇格はしたものの、行うことは前職の繰り返しで終わる。これでは、組織にとってのメリットはないであろう。

価値観を包括する組織づくり

ドラッカーは、働く者の強みと仕事のやり方が合わないことはあまりない、しかし、**強みと「価値観」が合わないことはよくある**と言う。つまり、自分が得意とすることの実践が、必ずしも自分の価値観を尊重することにはならないということだ。

ドラッカーは回想する。

「私自身、若い頃、自分が成功していたことと自分の価値観のギャップに悩んだことがある。１９３０年代の半ば、ロンドンのマーチャント銀行で働き、順風万帆であった。自分の強みを発揮することができた。しかし、証券投資の仕事では、世の中に貢献しているという実感は持てなかった。自分にとって、価値あるものは金ではなく人であった。金持ちになることに価値を見出せなかった。大恐慌の真っただ中にあって、特に豊かなわけでもなく、職があるわけでもなく、将来に見通しが立っていたわけでもなかった。それでも、自分は投資の仕事を辞めた。それは正しい行動であった。言い換えれば、優先すべきは価値観のほうであった」

ドラッカーは金融家になることに価値を見出せなかった。お金より、給料の少ない教員の道に価値を見出し、その道を選んだ。そのように自分の人生をマネジメントしたのである。

第2章でも述べたが、組織において成果を上げるには、そこに働いている者と、組織の価値観がマッチしなければならない。「和して同ぜず」。同じである必要はないが、共存しなければならない。つまり、働く者それぞれの価値観が包括的に尊重される組織でなければならないということである。

そのためには、部下にコミットメントを掲げ達成する決意を持たせることが必要になる。つまり現状についての気づきを得る機会を与え、問題を発見させ、解決策や戦略を見出し実行できるようアドバイスをすることにある。

個人のコミットメントの強さが、組織の変革や改革を可能にする。改革を成し遂げる組織と、そうでない組織とを分ける大きな要素になる。

人の学び方は多種多様

アルバート・アインシュタインや、トーマス・エジソン、イギリスの首相であったウィンストン・チャーチルをはじめ、一流の著名人の多くは学校の成績が悪かった。

本人たちも学校は苦痛で仕方がなかったと述べている。彼らにとって学校は退屈そのものの、最悪の場所だった。

例えば、20世紀最大の科学者と称されたアインシュタインは、幼い頃から言語障害児というレッテルを貼られていた。数学と物理の成績だけは優秀であったが、ほかの科目の成績は悪く、「落ちこぼれ学生」と言われていた。16歳でチューリッヒ連邦工科大学を受験するが、失敗し挫折する。

結果的にギムナジウムに入学することになるが、そこで得意とする物理学の分野において才能を伸ばした。後にプリンストン大学から誘いがあり教鞭を執ることになる。そしてノーベル賞を受賞するほどの功績を残した。

多くの著名人の学校の成績が悪いのは、学校で決められた学び方では彼らの疑問は解消しなかったからである。**決まった教育方法や学びの機会を与えることではなく、一人ひとりに合った学びを実践させることが大事**である。

ベートーヴェンは自身がつくった膨大な量の楽曲について、楽譜の覚書のようなものを遺した。しかしその覚書を見返すことはなかったという。ではなぜ、それらの覚書を書くのか。そう聞かれて、ベートーヴェンは、「書かないと忘れてしまう。だが、一度書けば忘れない。したがって、見る必要はない」と答えた。

また、同族経営の平凡な中小企業を世界有数のトップ企業に育てたある会長は、週1回幹部を集めて会議を開いた。しかし幹部たちを半円形に座らせ、2、3時間のほとんど一方的に話すばかりで、部下たちに意見を聞いたり質問をさせたりするということは、ほとんどなかったという。この会長がいつもしていたことは、「自問自答」であった。

学び方には多種多様の方法がある。ベートーヴェンのように、膨大なメモを覚書として学ぶ人もいれば、自分が話すのを聞きながら学ぶ人もいる。絶対音感を持つピアニストなどは、一度聴いただけで、その曲が弾ける。

組織をマネジメントするには、各個人の特徴、性格、癖を見抜く力が必要なのである。

ワンマン経営が組織を滅ぼす

ドラッカーは、トップマネジメントに必要なのは、４タイプの人間像だと言う。

① 考える人

製品を考える場合であれば、今日のメイン製品は何か、明日のメイン製品は何か、昨日までのメイン製品は何であったかを考える。

② 行動する人

言葉ではなく体を使い実践、実行する。

③ 人間味のある人

相手に対する気配りができる。

④ 広告塔になる人

顧客に対して写真だけではなく、外部でもイメージアップやアピールをできる手法を兼ね備えている。

現実には、これら四つのタイプを兼ね備えている人物は、まずいない。だからこそワンマン経営ではなく、会社全体で補完すべきである。企業が成長、発展できないときには、ワンマン経営がその大きな原因となっている。たった1人に頼っている組織は長続きしないのである。

優秀であればあるほど多くの間違いを犯しやすい。人の仕事は、意識や心の持ちようで変化する。そこで、成果が上がる心理的なマインド、すなわち組織内の「企業文化」を築き上げるという発想が生まれる。

成果を上げる企業文化に必要なカギを握っているのは次の五つのポイントである。

① 1人の優秀な人材や天才に頼らない
② 成果を基準に評価する
③ チャンスに目を向ける
④ 人事評価を明確化する

⑤ 真摯である

組織の士気を高めるには、「長期的な成果」を真摯に評価することだ。**組織とはありとあらゆる特徴を持った「凡人」の集合体**である。彼らが力を合わせて非凡な成果を上げることができるのが組織の強みである。

成功するかどうかは、その人の能力よりも情熱による。自分の仕事に身も心も捧げる人こそ勝利者になれる。そのために組織が行わなければいけないのは、人材の長所や強みを引き出して、相乗効果をモットーに高い数値目標を掲げることである。

ドラッカーは「成果を上げる人とは、新しい価値を生み出す人物のことである」と述べた。

野球選手を例に「成果」について考えてみよう。

いかに優秀なバッターであっても、時として相手のピッチャーから三振を奪われ、監督の期待に応えられない場合もある。それがすなわち無能ということにはならない。10回の打席で3本のヒットを打てば「3割バッター」と言われ、大物打者とみなされる。

つまり、10回のチャレンジがあるからこそ3回の成功があるということである。見送りばかりでチャレンジしない選手を褒め、三振した選手を責めるのは大きな間違いである。そうした球団では、選手たちの意欲と士気はグンと減り、チームに対する信頼も下がる。バッターは、空振りであってもチャレンジしたのである。**チャレンジがなければ、当然新しい価値は生まれない。**

人事の決定も「真摯さ」が必要である。いかに優秀な頭脳の持ち主でも真摯さに欠けるトップやリーダーがいれば、組織を運営できず破壊することさえある。

ドラッカーによれば、以下の組織は病気に罹《かか》っているという。

①　取り組んでいる仕事を完成させるよりも、自らの昇進が重要になっている
②　リスクを取ることよりも、過ちを避けることのほうが重要視されている
③　働く者の長所を育てるよりも、短所を直すことのほうが重要視されている
④　実績や成果を上げることよりも、内部の人間関係を良好に保つことが重要視されている

スタッフが、「やる」ではなく「実行に移す」、「終わらせる」ではなく「完成させる」といった官僚的な言葉を口にするようになったら、その組織はもう発熱している。

第5章

新しいリーダー像を描く

部下の成長と行動を促す者

変わるリーダーの役割

日本の企業や社会は大きな変革に直面している。ドラッカーは日本の未来を見据えて、**年功序列のシステムに変化が見られるときには、組織におけるリーダーシップの在り方が大きく揺らぎ、問い直される**だろうと想定している。

トップのカリスマ性や力量に頼り過ぎている組織は、意思決定の仕組みが個人に属しており、システム化できない場合がある。組織としての短期的な成長は早いが、一方で衰退も早い。**トップダウン方式の意思決定の真の狙いは速やかさ、または迅速さであり、ワンマン社長やワンマンリーダーが、部下の意見を吸い上げないで、自分勝手な判断をすることではない。**

中堅リーダーたちの仕事も変わってきているという。従来の年功序列のシステムでトップの命令を部下に伝達する中間管理職的なスタイルから、部下育成による具体的な実績を即座に求められるようになっている。特に部門リーダーのように限られた領域のリーダーたちは、どう振る舞い、何をすればいいか迷っているであろう。

本章ではこれからのリーダーに求められることについて述べる。最初に明記しておきたいのは、リーダーはトップだけではないということである。序章で述べたように、何が起こるかわからないジャングルの中では、兵士全員が経営者であることを忘れてはいけない。リーダーに求められる能力、技術、考え方などは、すべてのビジネスパーソンにも当てはまるのである。

マネジャーとリーダーの違い

前章ではマネジャーについて述べたが、マネジャーとリーダーは、とかく混同されがちである。

組織またはグループの最高位がリーダーならば、マネジャーは補佐官にたとえられる。

適材適所の人事であれば、組織はミッションをもとに成果を上げることができる。

マネジャーとは、企業や組織体の全体または一部の、あるいは特定の業務をマネジメントすることを職業としている人である。担当部署のゴールを設定し、その実現に向けての進行管理、他部署との調整、そのプロセスで生じる問題を解決することが主な任務である。経営者と管理職、役職者を含む。英語で言えば「ディレクター」や「チーフ」などである。

ドラッカーは、「リーダーとは、組織の使命を考え抜き、目に見える形で目標を定め、優先順位を決め、それを維持する基準を定める者である」と説いている。組織が邁進《まいしん》すべき戦略やビジョン、方向性を示し、メンバーに目標設定をコミットさせ、各自の志をまとめて動機付けをし、改革を成し遂げる役割を担う人物である。時には、メンバーにエールを送り、鼓舞することが任務となる。そのビジョンが組織内の人びとにとっても現実的で信頼できるものでなければならない。

また、リーダーは現状より望ましい状態を示し、ファシリテート（促進）できる人物、かつチームをインスパイア（力付ける）する助言者でもある。

日本にも関心を寄せていたアメリカの2代目大統領ジョン・アダムスは、リーダーについて次の名言を残している。

「夢と意欲を掻き立て、成長と行動を促す者がリーダーである」

　このように、リーダーとマネジャーとはその役割が異なる。しかし、組織内では補完し合うべき関係である。また、リーダーシップを重んじる人びとは、マネジメントなどはどうでもよいと思いがちである。しかし、リーダーシップを強く発揮しなければならない役職に就いていても、マネジメントの仕事から解放されはしない。このことを忘れてはいけない。

リーダーシップを仕事として考える

リーダーたることの第１条件といえば、リーダーシップを仕事として考えることである。自分の任務であり、失敗した場合には自分で責任を負う。何事も言葉より行動で示すことで、自らがロールモデルとなって規範を示すことができなければならない。

リーダーの仕事は、次の七つに集約される。

①　意思決定
②　志高く合理的なゴール設定
③　巧みなコミュニケーション

④ 組織の人たちのモチベーションのアップ
⑤ アメとムチの使い分け
⑥ 巧みな権限委譲
⑦ トップ自らを律する

以下では、まずリーダーに求められる資質について触れた後、これらを順に見ていきたい。

リーダーに求められる資質

志を高く持つ

ドラッカーは、リーダーの要素として志の高さを述べた。例として20世紀の初めに駐イギリス大使に任命されながら、早々に辞職したドイツ人を取り上げている。

当時のイギリス国王エドワード7世は、俗に言うプレイボーイであった。日本風に言えば、高級芸者たちが一糸まとわぬ姿で突然飛び出してくるような派手なパーティを開催するよう、各国の大使に求めていた。

しかし、このドイツ人大使は、エドワード7世が仕掛けたパーティに嫌気が差していた。朝にヒゲを剃りながら、「鏡の中に芸者の客引きまがいの男の顔を見るのも嫌である」とひとりつぶやいた。

ドラッカーは、この外交官の決断にリーダーシップの神髄を見たという。好むと好まざるにかかわらず、リーダーには全員の視線とフォーカスが集中する。常に周囲からテストされている。**リーダーとは、自分自身の高潔さと高い志が他人にも伝わる行動と規範を持ち合わせて組織をリードすべき**である。


ドラッカーは名医といわれる歯科医師に聞いた。「あなたは、世の中にどのように覚えられたいでしょうか」。医師の答えは「あなたを死体解剖する医者が、『この人は一流の歯科医にかかっていた』と言ってくれることだ」であった。

この名医と、ただ食べていくだけの仕事しかせず、平々凡々と生活を送っている歯科医とには大きな違いがあることがわかるであろう。


自らの成長のために最初に優先すべきは卓越性の追求である。そこから充実と自信が培われる。

旧約聖書に「知識を持つ者は力を増す」という一節がある。これは、物事について知れば知るほど、ほかの人びとに影響を与えることができるという意味である。リーダーには、智力が必要である。智力なくしては、優れた仕事はできない。また自信も付かない。すなわち人としての成長もない。

アメリカの富豪ロックフェラーは、次のような名句を残している。

「金持ちになりたい一心から出発しても成功はしない。志はもっと大きく持つべきだ。ビジネスで成功する秘訣はごく平凡である。日々の仕事を滞りなく成し遂げ、私がいつも口酸っぱく言っていること、つまり商売の法則をよく守り、頭をいつもハッキリさせておけば、成功することは間違いない」

有能なリーダーの共通点

有能なリーダーには行動において次の六つの共通点がある。

① 「自分は何をしたいか」よりも「どんなニーズを満たすべきか」を考える
② 違いを生み出すために自分は何ができ、何をすべきかを問う
③ 組織の使命感と目標は何かを問う
④ 人間の多様性への許容は非常に高く、自らのコピー人間はつくらない。個人の業績、

判断や価値観には手厳しい

⑤ 仕事仲間の強みを恐れず、それを大いに提唱する

⑥ 毎朝、鏡に自分をさらし、今日の自分は自分がなりたいと考えた人間かどうか、尊敬し得る人間かどうかを見直す

加えて、リーダーはタフガイであるという共通点もある。

アメリカの企業文化には、「タフネスは美徳」という精神風土が存在する。倒産寸前の自動車会社のクライスラー社を引き受け、見事に立ち直らせたリド・アンソニー・アイアコッカ。苦境をものともせず再建させたタフガイとしてヒーロー扱いされた。あるいは元アメリカ大統領ロナルド・レーガンである。パンナム機爆破事件などの黒幕とみなされていたリビアのカダフィ大佐を「中東の狂犬」と呼び、その地を爆撃した。その際、ヨーロッパはじめ多くの国々から猛烈な批判を受けたが、アメリカ世論の7割以上がレーガンを支持した。「憲法を修正し、タフなレーガンを3選させてはどうか」という声もあったほどである。

逆境の中、ひとり孤独に未知の世界と困難に立ち向かう人物こそ、「タフガイ」、「タフレディ」と称賛される。孤独に耐えることもリーダーの宿命かもしれない。

権力を乱用せず権威を持つ

リーダーの中には、「権力を握れば、組織でリーダーシップを発揮できる」と思っている人が意外に多い。ドラッカーは、これは間違った考えであると述べている。

確かに権力がなければ組織は動かない。権力を行使して組織の人びとに恐れられなければよいが、権力を乱用し過ぎると自分の身が危ない場合もある。そのために「裸の王様」になってしまった人物も多い。

まずは権力を振りかざすだけでなく、自分もまた、仕事に尽力しなければならない。日露戦争を終結させたセオドア・ルーズベルト大統領は述べた。

「働き甲斐のある仕事に精を出している人びとを見ていると、私は立派だと思う。しかしである。社会的地位がどんなに良かろうと悪かろうと、精を出して働かないリーダーは実に哀れと言わざるを得ない」

ドラッカーによれば、**「裸の王様」になったリーダーに共通する点は、権力と権威の違いがわかっていないこと**であるという。権威には人格や品格も含まれており、その個人の実力、見識、人間的魅力などにも裏打ちされているものでなければならない。

権威をもって人を奮い立たせ、行動させ、心服させることができれば、その人は立派なリーダーである。権威の希薄な人ほど権力に縋りたいという傾向が、洋の東西を問わず存在する。

権威は自分だけでは測定できない。周囲からの評価が必要である。

例えば、「その道の第一人者である」という言葉は、その道において優れ、抜きんでている人物、すなわち権威者という意味で使用されている。

戦後、権力を最大限に行使しながら、権力の魔性を自覚し、ドラッカーが提唱した「民営化」の教えをもとに、国鉄を民営化させた元首相の中曽根康弘《なかそねやすひろ》。権力について興味深い言葉を残している。

「権力は決して至上ではありません。政治権力は、本来、文化創造のためのサーバント（奉任者）なのです」

また同氏の口癖は「政治家とは歴史という名の法廷で裁かれる被告である」だった。

これらの言葉は、多くの世界の政治家にとって、これからの政治を考える上で大いに参考になるであろう。

意思決定に必要な思考

大局にも小局にも目を配る

リーダーの第一の仕事は意思決定である。これを果たせなければ組織は機能しない。自社の内的要因や外的要因に加え、広く社会を俯瞰して一つひとつの意思決定をしていかなければならない。

ドラッカーは、**意思決定で問題になるのが手順**だと説く。成果を上げるためには、まず異なる意見を吟味《ぎんみ》し、その理由を知る必要がある。物の決め方には、原則に基づいた判断と、個々の事情を考慮した判断があるという。

意思決定には次の五つのステップがある。

① 課題や問題の正体を明確にする
② 直面している問題がなぜ発生したのかを実務レベルで探る
③ 何が正しいかを考える
④ 決定を行動に移す
⑤ フィードバックを通して検証する

正しい意思決定のために必要なのは、まずはバランスの良い視点だ。ルーティン業務や仕事の上で起きるハプニングなどを、巧みに処理することもリーダーの責務である。そのためには、目の前のことだけを見ていてはいけない。**中期・長期計画のような大局的な事柄にも目を配り、かつ日常の些細《ささい》な案件や事柄にもバランス良く目配りすることが必要**である。

リーダーとして大局だけしか目に入らず、部下たちが支援を求めているのに目が届かないのでは問題だ。ただ、大局だけに目が行き、小局に目が届かないというアンバランスについては、訓練すれば修正が可能だという。しかし経営者の中には、細部のみに目が行って、肝心の大局的な構図が見えないタイプがいる。このタイプのリーダーを修正することは難しい。

アナログアプローチとデジタルアプローチ

アメリカ海軍の士官候補生を対象とする教本に『リーダーシップ』という書がある。この中で、リーダーが組織の課題や問題に対処する際には、「アナログ型アプローチ」と「デジタル型アプローチ」が必要であることが説かれている。人には、それぞれのアプローチの機能が備わっているという。

アナログ型アプローチの特徴は、物事を解釈したり判断したりする際、理性ではなく自分の勘や感覚、感情、感性それに経験に基づいて行う点である。時には、アバウトに物事を判断したり直感や勘を頼りに決定したりするのがアナログ型リーダーと言える。

デジタル型アプローチでは、問題が何であるかを特定し、その中身である構造を解明し、解決法を引き出すための分析力が求められる。このアプローチを使用すると、誰もがより良い方法で問題や課題を解決できるという。

アインシュタインの指摘した次の事例は、ずばりその点を突いていると言えるであろう。

「私は地球を救うために１時間与えられたとしたら、59分を問題の定義に使う。そして、１分を問題解決策の策定のために使うであろう」

課題をクリアするための得策は、その処方箋や構造を把握することである。そうすれば解決策はおのずと発見できる。

問題の構造を把握するための考え方の一例として、「SWOT分析」という手法を紹介する。

Sは、「強み（strength）」である。組織、個人の強みは何か、それは競争相手に勝っているか、その強みを最大限にする方法は何か。

Wは、「弱み（weakness）」である。組織、個人の弱みは何か、その弱みは致命的なものか、その弱みを克服する方法は何か。

Oは、「機会（opportunity）」である。組織、個人を取り巻く外的環境において、自社に有利に働くことは何か、事業のチャンスは何か、そのチャンスを最大限にする方法は何か。

Tは、「脅威（threat）」である。自社にとっての脅威は何か、その脅威のリスクを最小限にする方法は何か。

物事を判断する場合、アナログ型とデジタル型の両方の機能の使い分けが必要だ。

音楽に例えれば、ジャズミュージシャンがアドリブを披露する際、楽譜（デジタル）に頼っていては演奏できない。自分の感性やその場の雰囲気（アナログ）などに合わせ演奏を披露する。

一方、オーケストラの演奏者は楽譜（デジタル）を頼りに演奏する。音符を目で追いながら忠実に演奏すれば失敗はないという。したがって、オーケストラ奏者の中には「音符なしではコンサートでは演奏できない」という人が多く存在する。

どちらが正しいというわけではない。状況に合った「両刀使い」のアプローチを覚えることが必要なのである。

リーダーシップの基本はコミュニケーション

インフォーマルな人間関係も重要

リーダーのメインとなる仕事は、自分の考えやビジョンを他人に理解させることである。そのため、仲間を知らなければ自分を理解させることはできない。

有能なリーダーは、組織の人材を宝とみなす。そうして部下たちを受け身の姿勢から前向きの姿勢に導き、無関心の意識を積極的な意識へ変え、失敗から学び成功に変えることができるように導く。

そのためには、日常のビジネスや社交などの付き合いにおいて、より良い人間関係を維持できなければならない。自ら個室を飛び出し、部下や周囲の人たちの話を聞き、彼らの言葉を理解する必要がある。

マネジメントは、組織のフォーマルな階層を通して機能する。しかし、**リーダーシップは、非公式な場や水面下の人間関係に依存する場合が多い。**

インフォーマルな人間関係をうまく処理することが、組織を動かす者の重要な仕事になっている。組織の上下の人間、組織内部の人間、組織外の人びとにも気を回す必要がある。自分の組織の部下との関係に気を取られ、ほかの人びと、例えば改革を実行しようとしているセクションのスタッフや、マネジャーの多くをないがしろにすると失敗することもある。

平易で短くわかりやすく

対人コミュニケーションに必要な要素といえば、「簡潔さ」と「明確な態度」である。

以下ではケネディ大統領を事例として取り上げたい。ケネディは大学時代に弁論術の訓練を積み重ね、独特のコミュニケーションスタイルや説得法を身に付けた。また、大学生の頃には学生新聞のライターを務め、ジャーナリストとしてのセンスも磨いた。

ケネディ政権下の駐日米国大使も務めたエドウィン・O・ライシャワーは、ケネディの側近から聞いた言葉を回想する。

「人は言葉によって落ち込んだり、反対に勇気を得たり励まされたりする。ケネディはコミュニケーターとして言葉の力の素晴らしさを教えてくれた。その明快な言動に、ニューフロンティアの到来を感じた。冷静さを保ちながら相手に強い印象を与える簡潔さと説得力に新鮮さとコミュニケーションをインパクト化する響きがあり、この人物こそが一国のリーダーにふさわしいと思った」

ケネディは、アメリカ史上最高の演説家の一人とされている。リーダーが口にする言葉には、見逃すことのできないある種の輝きがなくてはならない。ケネディのスピーチは、リーダーにふさわしいスタイルを持ち、一般の人びとをいやが上にも鼓舞するものであった。

若さ、知性、活力、理想、加えてリーダーとしてのケネディの魅力のすべてが凝縮された、大統領就任演説の第一声を紹介したい。歴史家たちは、これをグレートコミュニケーターとしての名演説と評している。

「今日われわれは、政党の勝利を祝っているのではなく、自由の祝典を執り行っている」

人を説得するには、平易で、短く、わかりやすい言葉や文章がベストである。チャーチルは「短い言葉は良い。また古い言葉で短ければすべての中でいちばん良い」と述べた。

ケネディの説得法の特徴を要約すれば、「明快で歯切れの良い文の中に、高い理想主義がインプットされている」と評価されている。これは天性のものではない。ケネディは訓練によってこうした能力を培うことができるということを、われわれに教えてくれている。


ケネディの演説にはリベラルな信仰部分もある。「自由な人びとや政府が貧困の鎖を払いのけることを助ける」というような主張は、ドラッカーを含むリベラルな人びとの心を揺さぶった。ただし、アメリカのみならず世界の聴衆に感動を呼び起こしたのは、その思想だけでなく、彼のパッションであった。リーダーには大切な要素の一つである。

またケネディ大統領のスピーチに見る名言には、国益や国家の目指すべきもの以外に、人と人が人種や組織、それに文化を越えて共に働くことの喜びや、社会的存在としての人間の幸せの意味、問題をいかにして解決をしていけばよいのかなど、普遍的なことが多く含まれている。

これはドラッカーの「マネジメント」に似ている。先にも述べたが、「マネジメント」の実際の意味は人びとが共に成果を上げるために創造して、工夫をすることにある。言い換えれば、人と人が共に働き、**感動の源や人びとの幸せとは何か、という問いに答えを出**

すことであるという。

ユーモアセンスのある人材になれ

スピーチは一方向のコミュニケーションではあるが、自分という人物、その考え方を印象的に伝え、相手の心を動かすという意味で、対人コミュニケーション力が如実に表れると言える。その技術を生かせば、対話や会話においても円滑なコミュニケーションができる。

しかし**日本では肩書のある人ほど、スピーチ下手が多い**という。結婚式、式典の挨拶にしても、事前に用意された原稿を一行一句棒読みしている。メモ程度の原稿をもとにスピーチを短くまとめる練習も、リーダーを目指す人には重要なポイントである。

近年はグローバル化の影響もあり、海外出張も増えている。商談の多様化、社会的責任の増大などで対外範囲が広まっている。仕事の進め方にしても前置きの長い人がいるが、やはり幹部としては適切ではない。簡にしてポイントがわからない人はリーダーとしての能力に欠ける。

スピーチの要は「2S1W」である。「Short（短いこと）」「Spicy（ピリッとしていること）」、それに「Witty（機智にあふれていること）」で表されるユーモアセンスである。

ユーモアについては第2章でも触れた。近年の企業はユーモアセンスのある人材が重要であることに気づきはじめている。ある研究によると、**ユーモアセンスのある人は、生産性が高く、リーダーシップに加えてチームワークに長け、健康を維持できる上に高度な柔軟性と創造力で困難な問題を解決する**という。自らストレスを軽減でき、仕事の効率が上がるため、急速にユーモアセンスのある人材の採用が増えてきている。

部下のモチベーションを引き出すために

自らの意思で動くように導く

ドラッカーが考えるリーダーとは、誰もが自尊心を持ちつつ、一方で互いに尊敬し合えるような組織のトップである。人をある目標や目的に向けて動かしていく力は、リーダーには重要だ。一方的に強制して人を動かすことは簡単であるが、人が自らの意志で進んで動くように導かなければ、本当のリーダーとは言えない。

HP社のジョン・ヤング会長を引き継いだカーリー・フィオリーナは、元朝日新聞論説委員の下村満子《しもむらみつこ》によるインタビューで「あなたにとって、リーダーシップとはどんなものですか」という質問を投げ掛けられた。同氏はすかさず「その質問に関しては、中国の著名な哲学者の言葉を借りてお答えしたい」と以下の回答をした。

「人びとに蔑《さげす》まれるのは、悪いリーダー。人びとから尊敬されるのは、良いリーダー。**偉大なリーダーとは、人びとに『これは自分たちがやったことだ』と言わせる人**である」

人が動く理由には大きく分けて2通りのパターンがある。一つ目は、「しなくてはならないという必要性に迫られる」こと。もう一つは「したいという欲求に駆り立てられる」ことだ。どちらのアプローチが優れた人材を育成するのかは、一目瞭然である。

モチベーションは業務の成果に直結する。ではリーダーとして、部下にやる気を起こさせる要素とは何であろうか。それには、次の4点にフォーカスを当てるとよい。

① コミットメントと成果を仕事に取り入れる
② 自分の業務達成のための貴重な財産として部下と接し、オープンで円滑な対人コミュニケーションを図る
③ 掲げたビジョンに対し成果を上げるために適材適所に人事を配置する
④ 部下の得意分野を発見し、それを生かす業務を行ってもらう

また、ルーティン的な仕事だけではなく、成長に対する意欲も引き出さなければいけない。リーダーは組織においてどうすれば学習能力を高める方策を打ち出せるのか。まずは学習能力を高めることの重要性を認識させ、かつ不退転の決意を固めることである。

学習能力を高めることは一朝一夕にはできない。不断の学習と練習の末に獲得できる。また効果が表れるまでには長い時間を要する。そのため確たる決断がなければ、学習能力獲得の努力は継続できない。

学習能力を向上させるには、個々の社員に対する動機付けが必要になる。ここでもビジョンが重要となってくる。かつての成長時代においては、ビジョンを持たない企業であっても結果として成長を果たすことは不可能ではなかった。しかし、これからの時代においては、独自性のない企業は生き残れない。**働く者にとっての最大のモチベーションは、経営者のビジョン**である。経営者がいかなるビジョンを持つかが、死活にかかわる問題となるのである。

個人の自己実現を叶える

第3章で組織とは個人の自己実現をする手段でもあると述べた。

ここでも松下幸之助に触れる。

松下の人生は奉公の時代は苦労も多かったが、電灯会社に勤務し、さらに独立し会社を興し事業を始めても、終始仕事を楽しみ、社会貢献もし、そこに生きがいを見出し、加えて独学で学んだ知識を活用した経営者であったという。

アメリカの作家、ジョシュア・G・ホランドは語る。

「**人の幸せとは、どれだけ豊富な知識があるかの問題ではない。知識をどれだけ活用するかの問題**である。どんな教育を受けたかや、どんな訓練を受けたかの問題ではない。むしろ、自分がどんな人間であるのか、どんなことができるかの問題である。松下幸之助はそんな人物であり、世界のビジネスリーダーでもあった」

松下の経営思想を、これからの新時代に向かって活躍を目指すリーダーの卵たちにも受け継いでもらいたい。組織はメンバーの才能を育むべきである。メンバーが指導力を発揮することや、失敗や成功から学ぶことを奨励すべきである。

組織における個人の自己実現とは、成果を上げることにほかならない。そのことによって、やりがいや自分の成長を感じ、個としての自分の価値を見出すことができる。

ドラッカーは成果を上げるには、自分のミッションを柱に次の五つの要素が必要だと指摘する。

① 時間を管理する
② 貢献を考える
③ 強みを見つけ生かす
④ 高い集中力を持つ
⑤ 判断材料をもとに意思決定を行う
（ただし、判断することと意思決定を行うことは別物である）

ドラッカーは「知力、想像力、知識と、成果を上げることの間には、ほとんど関係がないものである。頭の良さが成果に結び付くのは体系的な作業を通してのみであることを知るべきだ」と述べた。

言い換えれば、成果を上げるのに必要なのは、才能ではなく「習慣」であり、それは誰でも身に付けられるということである。**われわれは習慣を通して自己実現を目指す**。特に仕事面において、時間の「活用」と「消費」の違いは成果に直接反映されるため、時間管理の習慣が必要である。

リーダーシップとは共感について学ぶこと

ひらめきと力を与えるために

真のリーダーとは、自らも生き、他者も生かし、組織全体の発展を図れる能力を持つ者である。

テレビ番組の司会者やプロデューサーとして知られるオプラ・ウィンフリー。「ヒラリー・クリントンの次に女性大統領になる」と言われる彼女は次のように述べた。

「リーダーシップとは共感について学ぶことである。人びとの人生に、ひらめきと力を与えるために、人びとを結び付け、心を通わせるパワーを持つことである」

ドラッカーは、共感は同情心とは違うと言う。**共感とは他人と共に感じたり、相手の立**

場に置き換えて物事を見たり感じたりすることである。

共感できるリーダーになるためには、相手の言わんとしているポイントやその本意を聞き逃さないように、耳を傾ける必要がある。そして、アイディアや提案を積極的に受け入れる。「受け入れる＝同意」ではない。相手の意見をしっかり受け止め、参考にし、考察を深めることである。

ここまでにも述べてきたが、ドラッカーによれば、成果を上げるための第1条件は、共に働く人たち、自らの仕事に大切な人たちを理解し、その強み、仕事のやり方、価値観を共有することである。

人生において、自分と同じ目標を持ち、同じベクトルを持つ人間が集まって仕事をする機会が何度あるであろうか。もし自分の周囲にその環境が整っているのであれば、リーダーとしての最大の資源となるであろう。

信頼されるリーダーに必要な要素

共感はリーダーからのアプローチだけで成し得るものではない。部下が自分の意見を伝えるには、リーダーに対する信頼が必要である。信頼できないリーダーにしたがう者はいない。

信頼されるリーダーに必要な要素は六つある。

①相手を理解する。人の悩みを聞く習慣を付ける
②小さなことでも大切にする
③約束を守る
④期待を明確にする
⑤誠実さを示す
⑥信頼を損ねたらすぐに誠意を持って謝る

エドウィン・O・ライシャワーは、リーダーにとって必要な資質の一つがインテグリティを備えていることであると述べた。「インテグリティ」とは誠実、真摯、高潔などの概念を意味する。ライシャワーの考えは、ドラッカーが説く「リーダーに必要な信頼性」のコンセプトに類似する。

インテグリティは次の要素から成り立っているというのがライシャワーの意見である。

その人の話が信じられるもので、部下から見て異存がない。その人の言動が一致している。すべてにおいて一貫性があること。つまりは状況の変化に左右されないことである。

お互いに強みと習慣を見つける

ドラッカーは、リーダー自身ではなくほかのメンバーでも処理できる案件は、委任することが望ましいと説く。**効率良く仕事を推し進めるためには、臨機応変に仕事を自分以外の人に委ねること**である。そのためには以下が必要である。

① 成果を上げるノウハウを模索する

それには適材適所の人材配置が望ましい。しかし難しい場合、初心者には、「仕事をしながら経験を積む」「適性や才能を有効活用し資質をアップする」といった努力が求められる。周りの人びとのアドバイスやサポートも必要である。

② 事前に重要ポイントの打ち合わせをする

適格な指示、対話を通して物事を進める。

③　**意欲を高めるために権限を委任する**

任せたのであればあまり口出しはしない。ただし、重大な案件の最終的な権限を委譲することとは異なる。

④　**仕事やプロジェクトの進行をチェックし、修正処理について協議する**

定期的に報告をしてもらうシステムを構築する。いわゆる「ホウレンソウ（報告・連絡・相談）」である。問題が発生する場合には訂正、修正措置を取るシステムや環境づくりをしておく。

⑤　**助言やサポートを惜しまない**

定期的に意見交換の場を設け、アドバイスを与えて励ます。

こうした関係性を保つためには、日頃から「持ちつ持たれつ」の関係を築いておくことが重要になる。**部下は上司の強みと習慣を見つける部下になり、上司は部下の強みと習慣を見つける部下になる**のである。

真のリーダーになるために

生まれながらのリーダーはひと握り

ドラッカーは「生まれながらのリーダーがいるとしても、それは、ほんのひと握りであり、彼らに頼ることは不可能である」と述べている。つまり、**世の多くのリーダーは、リーダーとして生まれるのではなく、後天的にリーダーに育っていく**のである。

真のリーダーになる方法の一つは、「秘書の視点」で上司の行動パターンや価値観、生活習慣や癖を観察し分析することである。例えば上司はタバコを好むのか、お酒に強いのか、どんな人物と付き合っているのか、健康志向なのか、家族構成はどうなっているのか。そうした情報が、上司の求める対応を見出すヒントとなる。

米倉誠一郎によれば、有能な秘書は業務を上司の指示が必要なものと不必要なものとに分類し、不必要なものに対しては先手を打って処理してくれるという。上司は事後報告と決断が必要なものに集中するだけでよいため、仕事の生産性も何倍にもなる。

秘書の視点として、次の三つのポイントがカギを握っている。

①上司にとって見えづらい、またはイメージできない情報を提供する
②上司の考えていることや思考に先手を打つ
③自分の専門分野、得意分野の情報を上司に提供する。ライバル社にも足を運び、新たに発見した製品や口コミ情報を提供する

部下として上司を分析する視点は、自分がリーダーになったとき、そのまま部下の理解や指導に役立つ。上司の生産性を上げる術を知ることは、チームの生産性向上に直結する。あらゆるリーダーは、部下としての下積みを経験している。不遇なサラリーマン生活を送りながら、それを逆手に糧として成功した人物も多い。むしろ、そうした経験があるからこそ、自分がリーダーになったときに部下の気持ちを理解し、共感できるようになる。

そして忘れてはいけないことがある。**リーダーを評価するのは部下**ということである。リーダーは常に部下からチェックされている。服従、信頼、尊敬といった部下側の判断に委ねられる心理的要素が、リーダーにとって最も重要な基準となっている。上司としての言動が部下にどのように影響するのかも、部下としての経験から見出すことができるのである。

誰でも真のリーダーになり得る

リーダーには人を強く引き付ける天性的な魅力、いわゆるカリスマ性が必須のように思えるが、ドラッカーによれば、**リーダーシップはカリスマ性に依存しない**という。

ドラッカーによれば、例えば元米大統領のドワイト・D・アイゼンハワーとハリー・S・トルーマン、元国務長官、国防長官のジョージ・マーシャルらは、希《まれ》に見る強力なリーダーであった。しかしいずれも、カリスマ面においてはまったくと言っていいほど、欠けていたという。エイブラハム・リンカーン大統領もカリスマ性を感じさせる人物ではなかった。イギリスのウィンストン・チャーチル首相も同類項であるという。

ただし、重要な点は、彼らは正しかったことである。ドラッカーによれば、カリスマ性は時に、リーダーを破滅させるという。柔軟性を奪い、不滅性を盲信させ、変化不能にすることさえある。スターリンはじめヒトラー、それに毛沢東《もうたくとう》にも同様のことが起こったのは歴史が物語っている。

ここまでリーダーの資質や特質を述べてきたが、必ずしもそのすべてが備わっていなければならないということではない。得意なこと、影響力を持てる部分は人によって異なる。それぞれ性格も理念もビジョンも異なるのであるから当然のことである。育ってきた家庭の環境や伝統、受けた教育、それに文化が大いに影響する。

ドラッカーはひと口にリーダーと言っても、そのタイプは千差万別で、人付き合いの良いタイプがいるかと思えば、会社の部屋に閉じこもるタイプもいると言う。虚栄心の強いタイプと飾らないタイプ、温和で寛容なタイプと冷たいタイプ、大らかなタイプと神経質なタイプなどさまざまである。一概にどのタイプが優秀であるとは言えない。歴史上に名を遺す数々のリーダーたち。しかし資質や特質の面において、いずれかの２人を比較したとしても、まったく同じ者はいないのである。

読者の方々は、自分の将来にどんなリーダー像を重ねるであろう。世の中には、誰から見ても堂々とした姿でリーダーシップを発揮するリーダーが存在する。そうした人物を見れば、自分は遠く及ばないと思うかもしれない。

しかし、**リーダーになるために習得しなければいけない要素はあっても、天性に対する条件はない**。誰でも真のリーダーになり得るということを、新時代を担う読者の方々に伝えたい。希望と期待を込めて、本書を締めくくる。

おわりに

著者がピーター・ドラッカーの教えに出会ったのは、１９９０年代の初期であった。そのユニークな発想や経営思想に、深い感銘を抱いたことを覚えている。

当時、著者はハーバード大学において文部省研究プロジェクト「日本における交渉教育とその確立」の客員研究員としての研究を行う傍ら、日米プログラムのディスカッションなどにも参加していた。ハーバード経営大学院やロースクール構内においてもＩＴは普及しておらず、大学のキャンパス内外の通信手段もＦＡＸの時代であった。携帯電話も普及していなかった。

それから30年ほど経ったいま、テクノロジーの発達、特にＩＴの普及に伴ってビジネス環境は大きく変わった。かつてのビジネスノウハウは、もはや通用しなくなっている。まさに暗中模索。ビジネスパーソンにとって、生きづらい時代と言えるのかもしれない。

しかし、変化はネガティブな面ばかりではない。テクノロジーは仕事の自由度をはるかに向上させてくれた。いまや在宅ワークや遠距離間での仕事のやり取りなどは日常的な光景である。さらにこれからは機械が瑣末な仕事を代行してくれるようになり、人間は自分のやりがいや存在意義を感じられる仕事に集中できるようになるであろう。

本書でも強調したが、これからの時代に必要なのは知識ではなく、「知恵」である。知識は陳腐化する。現代は、誰でもインターネットにアクセスし、数多くの情報を得ることができる。だが、それらの情報は、われわれの組織や人生を豊かにしてはくれない。

ドラッカーの「知恵をベースに自己啓発を培え」という言葉が聞こえてくるようだ。海図なき針路を進んで行くときに必要なのが知恵である。20世紀が生んだ偉大な経営学の思想家であるドラッカーの教えの原点に戻ることによって、突破口が見えてくるであろう。


テクノロジーの発達により、起業のしやすい環境が整い、フリーとして働くことのほうが安全であるという風潮もある。仕事に決められた形はなくなり、「仕事」と「生活」の垣根は取り払われた。何のために生きているか、どんな人生を送るべきかを考える上で、仕事と幸福は切っても切り離せなくなっている。

ドラッカーは、実用的な経営思想のみならず、ビジネスパーソンとしての役割を通して、人間の在り方とはいかなるものなのかといった疑問に対するヒントや答えも提供してくれている。こうした、いまの時代はもちろん、未来の時代においても求められているマネジメントの教えや自己啓発論こそが、多くの人びとの糧となることを、筆者は確信している。

新時代の入り口に立つ読者の方々にとって、本書が何らかの助けになれば、これほど嬉しいことはない。ドラッカーも、きっと喜ぶことであろう。

なお、ドラッカーの真の経営思想を知るためには、英文の原書を紐《ひも》解いたほうがよいと言われている。そのため本書で引用したドラッカーの言葉は、英文のオリジナル版から筆者が訳出する方法をとった。

さて、本書の出版に当たっては総合法令出版編集部の久保木勇耶氏と大西鉄弥氏に大変お世話になった。予想以上の枚数になった原稿のスリム化などでご苦労をお掛けした。お2人にはこの場をお借りして、改めて厚く御礼申し上げたい。

最後に、ドラッカーの経営思想のみならず、経営交渉学に関するインタビューをこころよく引き受けてくださった、ハーバード経営大学院名誉教授のハワード・ライファ先生に、本書を捧げたい。

２０１９年12月　窓の外に白銀を見る研究室にて

御手洗昭治

ピーター・ドラッカーの略歴

1909年、ウィーンで裕福なドイツ系ユダヤ人の家庭に生まれる。

1917年、両親の紹介で、同じユダヤ人の精神科医ジークムント・フロイトに会う。

1929年、ドイツ・フランクフルト・アム・マインの『フランクフルター・ゲネラル・アンツァイガー』誌の記者になる。

1931年、フランクフルト大学にて法学博士号を取得。この頃、国家社会主義ドイツ労働者党のアドルフ・ヒトラーやヨーゼフ・ゲッベルスからたびたびインタビューを許可される。

1933年、自ら発表した論文がユダヤ人を嫌うナチ党の怒りを買うことを確信し、退職して急遽ウィーンに戻り、そこからイギリスのロンドンに移住。ジョン・メイナード・ケインズの講義を直接受ける傍ら、イギリスの投資銀行に勤める。

1937年、同じドイツ系ユダヤ人のドリス・シュミットと結婚。

1939年、アメリカ合衆国に移住し、処女作『経済人の終わり』を上梓。

1942年、バーモント州ベニントンのベニントン大学教授に就任。

1943年、アメリカ合衆国国籍を取得。

1950年から1971年、ニューヨーク大学(現在のスターン経営大学院)の教授を務める。

1959年、初来日。以降も度々来日する。

1966年、「産業経営の近代化および日米親善への寄与」が認められ勲三等瑞宝章を受章。

1971年から2003年、クレアモント大学院の教授を務める。

1979年、自伝『傍観者の時代』を著す。

1982年、初めての小説『最後の四重奏』を著す。

2002年、アメリカ政府から大統領自由勲章を授与される。

2005年、クレアモントの自宅にて老衰のため死去。95歳没。

参考文献

Drucker, P. F. (1966), The Effective Manager, N.Y.: Harper & Row. (1993, Harper Business).

Drucker, P. F. (1973), Management: Tasks, Responsibilities, Practices, N.Y.: Harper & Row.

Drucker, P. F. (1976), The Man Who Invented Corporate Society, Boston: Cahners Books.

Drucker, P. F. (1982), Warren Bennis interview in The Invention of Management in Directors & Boards, Winter, Drucker, Frontiers..

Drucker, P. F. (1985), Innovation and Entrepreneurship, N.Y.: Harper & Row.

Drucker, P. F. (1986), The Frontiers of Management, N.Y.: E. P. Dutton.

Drucker, P. F. (1989), Management for the Future in Harvard Business Review, HBS.

Drucker, P. F. (1990), Managing the Non-Profit Organization, N. Y. : Harper-Collins.

Drucker, P. F. (1993), New Society. New Brunswick, NJ. : Transaction Publishers

Drucker, P. F. (1993), The Practice of Management, N. Y. Harper Collins.

Drucker, P. F. (1993), Concept of the Cooperation, N.Y.: Transaction Publishers.

Drucker, P. F. (1994), The Age of Discontinuity, New Brunswick, NJ.: Transaction Publishers.

Drucker, P. F. (1994), Adventures of a Bystander, N.Y.: New Brunswick.

Dracker, P. F. (1994), The New Reality, N.Y: Harper Business.

Drucker, P. F. (1994), Adventures of a Bystander, New Brunswick, NJ. : Transaction Publishers, & The invention of Management, Directors and Boards, Winter 1982.

Mitarai, Shoji. (2019), Lecture Notes on Drucker, An unpublished Material at Sapporo University, Japan.

Warren, Bennis Interview. (1995), & The Most Dangerous Man in Detroit, N.Y. : Basic Books.

Drucker, P. F. (1995), Adventures of a Bystander (New Brunswick, 1995, NJ; Transaction Publisher.

Drucker, P. F. (1996), Landmarks of Tomorrow, New Brunswick N. J, Transaction Publisher.

Drucker, P. F. (1996), Frontiers of Management, N. Y. :Harper & Row.

Jack , Beatty. (1998), The World According to Peter Drucker, N.Y.: The Free Press.

Drucker, P. F. (1999), Managing Oneself, Harvard Business Review, March-April.

Drucker, P. F. (1999), Management Challenges for the 21st Century, N. Y. :Harper Business.

Drucker, P. F. (2001), The Essential Drucker, N.Y.: Harper Business.

Drucker, P. F. (2008), Classic Drucker, Harvard Business Review Book, HBS.

エイビス, ジョン・C著(西田睦・武藤文人監訳)『生物系統地理学』東京大学出版会、2008年

バーンランド, D.C.著(西山千・佐野雅子訳)『日本人の表現構造』サイマル出版会、1979年

コリンズ, ジム著(山岡洋一訳)『ビジョナリー・カンパニー』日経BP社、1995年

ドラッカー , ピーター・F著(岩根忠訳)『会社という概念』東洋経済新報社、1996年

ドラッカー , ピーター・F著(上田惇生編訳)『プロフェッショナルの条件』ダイヤモンド社、2000年

ドラッカー , ピーター・F著(上田惇生訳)『ネクスト・ソサエティ』ダイヤモンド社、2002年

ドラッカー , ピーター・F著(牧野洋訳)『ドラッカー　20世紀を生きて—私の履歴書』日本経済新聞社、2005年

ファンジェ，ヴァン著（加藤八千代・岡村和子訳）『創造性の開発』岩波書店、1963年

本田宗一郎著『本田宗一郎　夢を力に』日経ビジネス人文庫、2001年

小林薫著『ドラッカーとの対話』徳間書店、2001年

日下公人著『食卓からの経済学』祥伝社、1989年

マルクス，アウレーリウス著（神谷美恵子訳）『自省録』岩波文庫、2007年

丸山有彦著『ドラッカーの方法序説』第18回ドラッカー「マネジメント」研究会、2010年

松下幸之助著『決断の経営』PHP研究所、1979年

松下幸之助著『夢を育てる』PHP研究所、1998年

御手洗昭治編著・小笠原はるの著『ケネディの言葉～名言に学ぶ指導者の条件』東経済新報社、2014年.

御手洗昭治編著・小笠原はるの著『ライシャワーの名言に学ぶ異文化理解』ゆまに書房、2016年

御手洗昭治著『ハーバード流交渉術～世界基準の考え方・伝え方』総合法令出版、2017年

御手洗昭治編著・小笠原はるの著『グローバル異文化交流史』明石書店、2019年

御手洗昭治著『マネジメントの父ドラッカーと世界の文豪シェイクスピア』産業能率大学出版部、2019年

ライシャワー，エドウィン・O著（國弘正雄訳）『ザ・ジャパニーズ』文藝春秋、1979年

ライファ，ハワード『インタビュー資料：ピーター・ドラッカーの経営思想とハーバード大学との関係について』ハーバード経営大学院ライファ研究室、1992年9月29・30日

田坂広志著『知性を磨く』光文社、2014年

上田惇生著『ドラッカー入門』ダイヤモンド社、2006年

米倉誠一郎著『脱カリスマ時代のリーダー論』NTT出版、2005年

『論座』2000年2月号（朝日新聞社）

『Forbes JAPAN』2014年12月号（プレジデント社）

「日米の信頼広く深く」読売新聞（2019年4月6日）

「日米ＡＩ共同研究強化開発や人材育成進める」読売新聞（2019年5月4日）

「ビール『主力』で勝負」読売新聞（2019年5月4日）

「経営の視点～日本の特許戦略40年進まず～」日本経済新聞（2019年10月14日）

御手洗 昭治（みたらい・しょうじ）

兵庫県生まれ。札幌大学英語学科・米国ポートランド州立大学卒業。オレゴン州立大学院博士課程修了(Ph.D.)。ハーバード大学・文部省研究プロジェクト客員研究員を務める。ハーバード・ロースクールにて交渉学上級講座、ミディエーション講座修了。エドウィン・O・ライシャワー博士(元駐日米国大使・ハーバード大学名誉教授)が、ハル夫人と来道の際、講演公式通訳として北海道内を随行(1989年9月)。
札幌大学教授、北海道日米協会運営理事、日本交渉学会元会長。

【主な著書】
『ハーバード流交渉術～世界基準の考え方・伝え方』(総合法令出版)
『サムライ異文化交渉史』(ゆまに書房)
『ケネディの言葉～名言に学ぶ指導者の条件』御手洗昭治編著・小笠原はるの著(東洋経済新報社)
『ライシャワーの名言に学ぶ異文化理解』御手洗昭治編著・小笠原はるの著(ゆまに書房)
『グローバル異文化交流史』御手洗昭治編著・小笠原はるの著(明石書店)
『マネジメントの父ドラッカーと世界の文豪シェイクスピア』(産能能率大学出版部)

ドラッカーがいま、ビジネスパーソンに伝えたいこと

2020年1月24日　初版発行

著　者　御手洗 昭治
発行者　野村直克
発行所　総合法令出版株式会社
〒103-0001 東京都中央区日本橋小伝馬町15-18
ユニゾ小伝馬町ビル9階
電話　03-5623-5121
印刷・製本　中央精版印刷株式会社

ISBN 978-4-86280-718-2
総合法令出版ホームページ　http://www.horei.com/